国家社会科学基金重大项目（12&ZD064）子报告一

物价水平决定的货币理论及中国检验

卞志村 ◎ 著

WUJIA SHUIPING JUEDING DE
HUOBI LILUN JI
ZHONGGUO JIANYAN

中国金融出版社

责任编辑：张菊香
责任校对：张志文
责任印制：丁淮宾

图书在版编目（CIP）数据

物价水平决定的货币理论及中国检验（Wujia Shuiping Jueding de Huobi
Lilun ji Zhongguo Jianyan）/卞志村著 . —北京：中国金融出版社，2017.12
　　ISBN 978 - 7 - 5049 - 9178 - 2

　　Ⅰ.①物… Ⅱ.①卞… Ⅲ.①物价水平—影响—货币政策—研究—中国
Ⅳ.①F822.0

中国版本图书馆 CIP 数据核字（2017）第 222282 号

出版
发行　**中国金融出版社**

社址　北京市丰台区益泽路 2 号
市场开发部　（010）63266347，63805472，63439533（传真）
网上书店　http：//www.chinafph.com
　　　　　　（010）63286832，63365686（传真）
读者服务部　（010）66070833，62568380
邮编　100071
经销　新华书店
印刷　北京市松源印刷有限公司
尺寸　169 毫米 ×239 毫米
印张　11.75
字数　181 千
版次　2017 年 12 月第 1 版
印次　2017 年 12 月第 1 次印刷
定价　38.00 元
ISBN 978 - 7 - 5049 - 9178 - 2
如出现印装错误本社负责调换　联系电话(010)63263947
编辑部邮箱：jiaocaiyibu@126.com

物价稳定是中国经济行稳致远的重要保障。2008 年国际金融危机后，中国通胀水平经历了一轮较大幅度的波动，2011 年 7 月一度达到 6.5% 的历史高点。2012 年后，经济逐步企稳，但资产泡沫、产能过剩等经济结构性问题依旧埋伏着再次通胀的隐患。在"增长速度换挡期、结构调整阵痛期、前期刺激政策消化期""三期叠加"的特殊时期，要实现物价水平稳定并推动经济可持续增长，就必须立足于新的经济发展阶段，进一步改善宏观调控方式。货币政策作为宏观调控，尤其是物价管控的重要手段之一，长期以来都是理论研究与政策实践关注的重点。要在错综复杂的国内外经济形势下既保持经济的平稳增长，又将通货膨胀水平维持在合理区间，就必须进一步深入探索物价水平的形成机制，并对货币政策的物价调控效果进行持续、深入、系统的研究。

为此，本人与团队成员一起对中国物价水平决定的货币理论以及最优货币调控方式等问题展开了深入研究，并将这一问题作为本人担任首席专家的国家社科基金重大项目"基于物价调控的我国最优财政货币政策体制研究"（批准号：12&ZD064）的子课题一。历经四年的系统研究，课题研究任务顺利完成，重大项目免鉴定结项，相关学术成果见刊于《经济研究》《世界经济》《金融研究》等权威学术期刊。本书是重大项目"基于物价调控的我国最优财政货币政策体制研究"子课题一的最终研究报告。由上述研究成果中归属于"物价水平决定的货币理论及中国检验"子课题的研究成果整合凝练而成，相关成果主要来源于卞志村、孙俊、张义、高洁超、胡恒强、宗旭娇、孙慧智等人的学术论文。

本书的具体撰写任务分工如下：第一章由尹雷撰写；第二章由卞志村、胡恒强撰写；第三章由卞志村、张义、宗旭娇撰写；第四章由卞志村、孙慧智、曹媛媛撰写；第五章由卞志村、胡恒强撰写；第六章由孙俊撰写；第七章由卞志村、高洁超撰写；第八章由尹雷撰写。尹雷对各章节初稿进行统稿整理，赵亮、笪哲、刘志成、束姝妹、朱敏参与了本书的后期编排审校工作。本书终稿由卞志村审定。

本书全面回顾了物价波动与货币政策操作的历史演进过程，系统梳理了物价决定的货币理论机制，针对我国物价决定的货币理论以及最优货币政策调控方式等问题，从多个视角展开深入研究，具体内容分为以下八章：

第一章为导论。本章首先回顾了改革开放以来我国经济发展的周期性波动状况以及中央银行采取的相应货币政策，从经验分析的角度验证了我国货币政策是决定物价水平的重要因素；随后，系统阐述了物价决定的货币理论体系，全面梳理了相关学术研究成果，试图对现有理论体系加以补充完善；最后，给出本书的研究内容与逻辑框架。

第二章为我国通货膨胀短期动态机制。本章首先回顾了国内外菲利普斯曲线模型研究的已有成果，随后从粘性价格与粘性信息两大基本视角出发，进一步探讨了粘性信息与双粘性形式的新凯恩斯菲利普斯曲线在中国的适用性，并对二者与原有的粘性价格模型、混合 NKPC 模型在解释中国通胀问题时的具体表现加以比较分析，深入探究了我国通货膨胀的短期动态机制，提出研究结论与针对性的政策建议。

第三章为公众学习、信息披露与通胀预期形成。近年来，中央银行的预期引导功能备受关注，预期引导能够最小化政策干预的副作用，协助货币政策当局实现经济增长与物价稳定的目标，对于预期机制的研究具有重要意义。本章首先在考虑了各宏观经济变量对居民通胀预期具有影响的基础之上，通过 SVAR 模型实证检验了央行信息披露与实际干预两种政策工具在管理通胀预期时的效果；随后，采用措辞提取法构建了我国媒体信息披露指数，并利用 SVAR 模型重点研究了媒体信息披露对公众通胀预期形成的影响；最后，提出相应结论与政策建议。

第四章为引入金融形势指数的货币政策反应函数在中国的检验。作为总量性政策的货币政策难以解决个体预期异质性引致的问题，本章试图从宏观角度入手，综合考虑公众学习差异、预期异质性等因素，将代表整个市场参与者异质性预期博弈结果的金融形势指数纳入货币政策制定，以改善货币政策的实际运用效果。本章构建了包含利率、汇率、股价和房价在内的金融形势指数，将其分别引入数量型和价格型货币政策反应函数并进行比较分析，实证检验了前瞻性货币政策操作在中国的适用性。

第五章为中国货币政策工具的选择。此前我国的货币政策操作一直以数量型为主，价格型为辅，然而近年来数量型工具有效性有所降低，《金融业发展和改革"十二五"规划》明确提出要推进货币政策从以数量型调控为主向价格型调控为主转型。基于这一现实情况，本章由较为传统的新凯恩斯 DSGE 模型出发，从微观角度推导出动态 IS 曲线、混合新凯恩斯菲利普斯曲线，并分别列出我国数量型工具与价格型工具的具体形式，实证检验了两类调控工具的运用效果，深入探究了中国货币政策操作的工具选择问题。

第六章为货币政策转向与非对称效应。回顾金融危机以来的十年，中国宏观经济形势跌宕起伏，货币政策也做到了相机抉择与频繁转向，然而央行更多地采用线性的操作规则——经济过热就紧缩，经济低迷就宽松，往往忽视了货币政策在不同作用环境中的非对称效应。面对纷繁复杂的利害权衡与政策取舍，传统的基于线性假设的经济学分析视角已经无法有效地解决中国当前面临的宏观经济问题。本章通过构建多变量 Logistic 平滑迁移向量自回归（LSTVAR）模型，审慎研判我国的宏观经济状态，实证检验中国货币政策的非对称效应，比较分析不同宏观经济区制下相同货币政策工具的实施效果，提出修正经济"增长主义"政策导向等针对性建议。

第七章为适应性学习、通胀预期形成与我国最优货币政策。前几章的一般均衡分析中我们首先研究了完美学习与理性预期假设下的最优货币政策的制定，然而在短期中，受外部环境、随机扰动以及预测偏差影响，公众很难准确地捕捉未来经济走势。为加强这一薄弱环节，本章从短期视角出发，引入适应性学习机制替代传统的理性预期假设，在构建的新凯恩斯主义模型框架内，基于偏离度、均值和标准差等多重检验标准比较分析不同货币政策的实施效果，深入研究不完全理性预期情况下的最优货币政策选择问题。

第八章为新常态下货币政策调控转型的政策建议。本章针对如何创新宏观调控思路与方式，怎样推动货币政策调控转型等问题，提出了若干兼备理论基础与现实意义的政策建议。

本书从物价调控视角出发，对相关货币理论进行了系统梳理，并基于我国国情深入分析了中国通货膨胀短期动态机制、通货膨胀预期形成机制、货币政策反应函数修正、最优货币政策选择、货币政策转向与非对称效应等一系列重大理论问题，丰富了国内现有理论体系，有效补充了相关研究领域的薄弱环节，为中国货币政策调控框架转型与工具创新提供了重要的理论支撑，对于新常态下稳定物价的货币政策制定与实施也具有一定的参考价值。

中国宏观经济形势错综复杂，货币政策调控转型任重道远，相关学术研究还有待继续深入推进。本人与课题组成员虽竭心尽力，奈何力有不逮，成果之中可能仍有不完善之处，恳请各位专家学者批评指正！

卞志村

2017 年 12 月

目 录

图表目录

第一章

导论

现代经济学已达成广泛共识，维持一个低而稳定的物价水平有利于促进经济的稳定发展。实现一国物价的稳定首先要明确影响一国物价水平的具体因素。根据货币数量论，在货币流通速度保持稳定时，货币供给量与价格同方向变化，这意味着货币是决定物价水平的一个重要因素。进一步，如果考虑到预期因素，则物价水平不仅取决于现期货币供给，还取决于预期的未来货币供给。货币论的精髓用经济学大师弗里德曼的那句名言来概括即是："通货膨胀无论何时何地都是一种货币现象。"

国际金融危机后，国内外经济形势复杂多变，通胀动态更加难以预料，物价调控难度加大。近十年中，中国经济波动性增强，通胀和通缩交替出现。2008 年为了防止经济衰退，各国央行纷纷向金融市场注入巨额流动性，我国政府也采取了超额货币和超额信贷的"双扩张刺激政策"，这些措施对经济稳定起到了关键性作用，但这也给未来经济的稳定埋下了隐患：过量货币供给所引发的资产价格尤其是房地产和大宗商品价格的大幅上涨，加速了经济主体通胀预期的形成。从 2010 年下半年开始，中国经济逐步复苏，但随之而来的是由于银行体系流动性供给过多，物价上涨成为经济运行中的主要矛盾，

CPI 在 2011 年 7 月一度达到 6.5% 的高位。为了抑制物价过快上涨，中央银行明确提出货币政策要逐步从反危机状态向常态水平回归，从适度宽松转为稳健。2011 年第四季度，欧洲主权债务危机持续蔓延引发国际金融市场新一轮动荡，加上国内经济结构调整以及前期宏观经济紧缩政策的作用逐步显现，国内经济增速放缓，价格涨幅出现回落，2012 年 3 月 PPI 同比转负，开始了持续 54 个月的负增长，同期 CPI 也降到 2% 的低位。在此情况下，"抗通胀"让位于"稳增长"的呼声再起。2016 年 9 月，在供给侧结构性改革等一系列政策的作用下，我国经济基本面得到改善，经济增速企稳回升，随之而来的是 PPI 由负转正，随后快速攀升至 7.8% 的高位（2017 年 2 月）。物价水平短期中反复大幅波动不利于经济的健康发展，为此，明确我国物价水平决定的货币因素，选择恰当的货币政策调控方式是目前宏观调控政策实践中一个亟须解决的问题。

第一节　物价波动与货币政策操作的历史演进

改革开放以来，我国经济发展呈现出扩张与收缩交替进行的特征，与之相对应，中央银行的货币政策也呈现出明显的扩张与收缩的周期性特点。

一、1984—1985 年的货币政策

自 1984 年开始，中国人民银行专门履行中央银行的职能，以国家直接调控为主的宏观调控体制逐步取代了原来集中统一的计划管理体制，但信贷和货币政策的实施和制定在很大程度上还要依靠中央政府的力量。到 1985 年，我国经济出现了明显过热的现象，工业增长率达到了 21.4%，固定资产投资的增长速度达到了 38.8%，零售物价总水平上涨了 8.8%。为了应对这一现象，中央银行采取了紧缩性的货币政策，具体措施为：严格控制货币发行和贷款规模；先后两次提高储蓄存款利率；加强现金的管理；恢复工资基金管理制度以及加强外汇和外债的管理。从调控结果来看，这样的措施还是有效的，1986 年固定资产投资、物价水平和 GDP 的增长率都有了较大的回落。

二、1988—1992 年的货币政策

由于我国产业结构的失调、中央财政和地方财政实行"分灶吃饭"的管理体制以及中央银行对非银行金融机构信贷的扩张不够重视等原因，1988 年又出现了经济过热的现象，中央银行的货币政策进入全面紧缩时期，具体措施有：重新恢复对贷款规模的限额管理；对货币发行进行严格的指令性计划管理；严格压缩信托公司的信贷规模；提高存贷款利率；提高法定存款准备金率以及开展保值储蓄等。此次调控导致了宏观经济"硬着陆"。从 1989 年 8 月商品零售总额出现负增长开始，工业产业增长率降为零，经济衰退，市场疲软，企业的支付能力大大降低，对此中央银行持续放松银根，先后三次下调存贷款利率，加大贷款投放量，甚至对国有大中型企业直接注资，但经济却仍然呈现"启而不动"的疲软状态。

三、1993—1996 年的货币政策

从 1992 年下半年到 1993 年上半年，中国经济出现了明显的"泡沫"，表现为"四高四热"，即高投资、高工业增长、高货币信贷投放、高物价上涨，股票热、房地产热、开放区热以及集资热。我国工业产值从 1992 年 7 月开始连续 10 个月增长率都保持在 20% 以上，流通中的现金增幅超过了 50%，狭义货币供应量的增长率超过了 40%，通货膨胀率也达到了两位数，1994 年竟高达 21.7%。针对这样的现象，这次中央银行采取了较为温和的"适度从紧"的货币政策，实现了经济的"软着陆"。主要的措施有：整顿金融秩序，强化中央银行的宏观调控能力，逐步采用货币供应量作为货币政策的中介目标，灵活运用利率杠杆以及实施汇率并轨，调节市场汇价等。这次调控取得了很好的效果，不但抑制了经济过热、有效地降低了通货膨胀，而且使整个国民经济保持高增长的势头。

四、1997—2002 年的货币政策

继经济"软着陆"之后，我国经济出现了通货紧缩现象。同时 1997 年 7 月的亚洲金融危机也对我国经济产生了诸多负面影响：经济增长率下降，总需求不足，企业生产能力闲置、产品积压、亏损严重，失业率上升，等等。我国宏

观经济运行出现了明显的通货紧缩趋势。面对复杂的国内外形势，我国中央银行灵活运用货币政策工具，在增加货币供应量的基础上，八次降息，两次下调存款准备金率，大幅调整信贷结构，以及通过人民币外汇公开市场操作以保持人民币汇率的稳定。通过这些措施对宏观经济进行调控，结果表明，稳健的货币政策在积极的财政政策的配合下效果显著，当国际金融市场出现了较为大幅度波动时，我国经济依然保持稳定增长，1998 年到 2001 年我国 GDP 增长率基本保持在 7% ~ 8%，而且初步抑制了通货紧缩，此外货币政策调控方式也基本实现了从直接调控向间接调控的转型。

五、2003—2008 年的货币政策

2003 年稳健的货币政策和积极的财政政策配合的效果逐渐开始显现，随着世界整体宏观经济的复苏，我国也慢慢走出了通货紧缩的阴影，经济进入新一轮的增长周期，物价水平开始回升，但局部行业和地区有过热迹象。为保证国内经济快速平稳地增长，根据经济形势的变化，中央银行采用各种货币政策工具进行"预调"和"微调"，首先灵活应用公开市场操作以保持基础货币的平稳增长，其次多次上调存款准备金率，多次微调利率水平。时至 2007 年，流动性过剩问题仍在发展，物价上涨的压力较大，以致在 2007 年内，中央银行共 6 次上调存贷款基准利率，10 次上调法定存款准备金率，6 次发行定向央票，2008 年上半年又连续 5 次上调存款准备金率。本次"渐进式"的经济调控，松紧适度，而且微调的特征十分明显，从经济增长和通货膨胀两方面看，绩效也比较显著。但到了 2008 年下半年，此前特大自然灾害和国际金融危机的影响日益显著，经济形势发生重大转折，经济增速下降，出口大幅回落，因此中央银行采用了适度宽松的货币政策，5 次下调利率，投放巨额的货币和信贷，确保金融体系流动性的充足，使得货币政策取向在一年内发生了戏剧性的逆转。

六、2009—2011 年的货币政策

为应对国际金融危机日趋严峻的形势，从 2008 年下半年开始，我国采取了适度宽松的货币政策，继 2008 年下半年 5 次下调利率，下调 1 次又上调 1 次存款准备金率，2009 年又新增近 10 万亿元的贷款，货币供应量持续增加。经过两

年适度宽松的货币政策调控，我国经济已经开始出现了稳步回升，在 2010 年前三季度，我国 GDP 实现了同比增长 10.6%，增速比上年同期提高了 2.5 个百分点。然而这样的货币政策是为了应对国际金融危机的特殊之举。当美国开启了第二轮量化宽松时，我国经济也逐渐复苏，全球输入性通胀压力进一步上升，流动性泛滥，在诸多因素推动下，国内物价面临着很大的上涨压力。到 2010 年 10 月，我国通货膨胀率创下 25 个月以来的新高，达到 4.4%。所以，中央银行将货币政策由"适度宽松"转变为"稳健"。通过综合运用多种货币政策工具，央行保持货币供应量稳定增长，加强流动性管理，发挥利率的调节作用，合理投放信贷、调整信贷结构和把握信贷投放节奏，进一步推进汇率改革，完善汇率形成机制，改进外汇管理。2011 年截至第三季度，中央银行又 6 次上调存款准备金率，3 次上调存贷款基准利率。稳健货币政策的成效逐渐显现，货币信贷增长向常态水平回归，与经济平稳较快增长相适应。

七、2012—2016 年的货币政策

2012 年 CPI 和 PPI 一直处于下降趋势，其中 CPI 从年初的 4.5% 下降到 2.5%，PPI 从年初的 0.7% 下降到 −3.6%。2013 年到 2014 年期间 CPI 与 PPI 变动较平缓，都处于较低水平。CPI 与 PPI 反映了这一阶段我国居民消费、工业企业生产不景气和经济发展活力不足。2013 年至 2016 年第一季度，我国经济发展整体处于低速增长阶段，中国经济呈现出新常态，从高速增长转为中高速增长，经济结构调整，要素驱动、投资驱动转向创新驱动。在这样不同以往的经济发展时段，央行一直保持稳健货币政策。第一，灵活开展公开市场操作，合理把握公开市场操作力度和节奏，促进银行体系流动性供求的适度均衡。央行分别通过发行央行票据、调整公开市场操作利率以及开展国库现金管理来进行调控。2013 年综合运用公开市场逆回购操作和 SLO 来减少流动性波动。2014 年央行通过市场正回购和逆回购、短期流动性调节工具保证流动性总量的适度宽裕和货币市场的平稳运行。第二，调整存贷款基准利率，发挥利率的杠杆作用。2012 年至 2015 年央行进行了 8 次降息，其中 2015 年一年内进行了 5 次降息。与此同时，2015 年存款利率完全放开，我国利率实现了自由浮动。第三，适时适度调整存款准备金率。2012 年至 2015 年央行进行了 7 次降准，其中 5 次是在 2015

年进行的。总体看，稳健货币政策取得了较好效果，保持了流动性合理充裕，促进了实际利率基本稳定，从量价两方面保持了货币环境的稳健和中性适度。

第二节　物价水平决定的货币理论机制

一、货币数量论在中国的检验

根据货币数量理论，在货币流通速度保持稳定时，货币增长率应等于物价上涨率和经济增长率之和。当货币的增长率超过经济发展所需的货币量，经济就会出现通货膨胀；反之，经济就会出现通货紧缩。因此，通货膨胀可以解释为是一种纯粹货币现象，货币供给量是引起物价变动的一个重要因素，即通胀是货币供给量超过实体经济对其需求量的实际表现，而通货紧缩是货币供给量无法满足实体经济对其需求量的实际表现。但通过对我国 1979 年到 2015 年通货膨胀率、M_2 增长率的数据比较可以发现，在 1999 年以前我国通胀率与 M_2 增长率的变化方向具有一致性，但 1999 年之后，特别是 2005 年后，通胀率与 M_2 增长率的变化方向出现背离，两者在某些年份甚至是反方向变化的。根据麦金农（1993）的观点，货币供给增长速度超过产出与物价增速之和，意味着经济中存在"超额货币"（Excess Money），即所谓的"货币之谜"。从宏观数据统计可以很清楚地看到，长期以来我国 M_2 增长率均大于 GDP 增长率和通胀率之和，这说明我国长期以来都存在超额货币，超过经济发展所需的货币供给量并不一定或者是并不完全会带来物价的上涨，这与货币数量论不相符。但有学者认为这一现象的存在是由于所使用的模型、变量的不准确导致的，中国并不存在超额货币。因此，本书运用相关经济数据检验"货币数量论"在中国的适用性，明确我国是否真的存在超额货币供给；如果存在，其规模究竟有多大，成因是什么；在物价调控中，应如何应对这一系列问题。

传统理论分析框架仅注重货币供给量对实体经济和产品价格的分析，而未涉及其对资产市场价格的重要影响。但近十几年来，随着我国经济和金融的发展，微观主体的交易性货币需求比重不断上升，且资产的持有形式也日益多元化，资产价格在现代经济中，对家庭消费、企业投资乃至于金融机构借贷和中央银行的货币政策都有重要影响。货币供给量也被分别配置到实物商品和各类资产上面,因此,货币供给量的变化不仅仅反映在实物商品价格水平上,也会同时反映在资产价格上。因此,本书计划以 1998 年为界将样本区间划分为两个时期:第一阶段为 1979 年到 1998 年,在货币数量论分析框架下研究货币供给量与物价的关系,对中国货币供给量与通货膨胀的相关性进行判断;第二阶段为 1999 年到 2011 年,这一阶段的研究将结合近十几年居民持有资产结构的变化,加入资产市场价格变量,对货币供给量与通货膨胀的相关性进行实证研究。其中,考虑到目前我国投资方向较多地集中于房地产市场和股票市场,在资产价格变量的选择中,将选择能够反映房地产价格和股票价格的指标作为资产价格变量。

二、货币政策操作规范与通胀偏差

（一）货币政策操作规范效应的理论研究

为了能深入、全面地研究我国的货币政策操作规范与制度性通胀偏差这一问题,本书首先从货币政策操作规范的历史沿革谈起,对西方经济学有关货币政策操作规范的相关理论进行梳理。然后,利用博弈论的有关观点引入宏观金融分析,用动态不一致性理论和声誉模型,对"相机抉择"与"按规则行事"这两种操作规范所对应的效应进行研究,比较的重点是不同货币政策操作方式对制度性通胀偏差产生的影响。

（二）不同货币政策操作规范效应的国际比较

在理论分析的前提下,再通过实践情况来作出判断,对这两种操作规范在不同时期不同国家的操作效应进行实证分析。美国和德国是这两种操作规范的典型代表,并且都取得了比较令人羡慕的成绩。这两个国家的具体做法尽管不同,但都使宏观经济较平稳地运行,通过借鉴它们的成功经验,找出既能体现"规则"稳定性又不失"相机抉择"灵活性的货币政策操作规则。

（三）对中国货币政策现行操作规范的判断

对当前我国货币政策现行操作规范的判断涉及大量的经济实证和检验问题,也涉及对我国目前货币政策操作规范在控制物价方面的绩效评估,以及未来货币政策操作规范的选择。本书计划使用定性与定量相结合的方法来判断目前我国货币政策的操作规范。一种是"描述法"，即根据货币政策制定者的信息披露或者政策公示来进行判断，可以将货币政策划分为扩张性或者紧缩性等类型，也可以通过监视中央银行的政策行为，建立衡量和描述货币政策倾向和强度的定量指标。具体做法是：在对从1993年我国货币政策调控逐步转变为间接调控开始，到目前的货币政策操作实践进行回顾的基础上，对这二十多年间货币政策工具目标的实现程度、货币政策的执行效果进行分析，以此对中国货币政策的操作规范进行判断。另一种方法是通过构建货币政策状态模型，分离出中国货币政策中的相机抉择成分和规则性成分，并利用VAR分析两种成分对中国产出增长率和通货膨胀率的影响程度。

（四）转型期物价稳定目标下我国货币政策操作规范的选择

这是本书的结论部分，为了回答在转型期什么样的货币政策规范能更好地实现物价稳定这一宏观经济目标，本书首先根据模型演算结果，利用相关数学分析软件对"规则性"货币政策操作规范对通胀波动的影响进行动态模拟，为我国未来货币政策操作规范的选择提供一些有价值的建议。随后，运用大量计量分析手段对泰勒规则、通胀目标制在中国的适应性问题进行检验。

（五）中国中央银行的制度设计与稳定物价的研究

中央银行的独立性这种制度安排，一方面给予中央银行更高的自主权，弱化了民主选举的政府为满足其刺激经济的渴望而对货币政策施加压力的可能；另一方面也允许中央银行对经济干扰作出反应。这都有助于消除制度性通胀偏差。本书将首先对中国中央银行独立性进行度量评价；其次，对影响中央银行独立性的因素进行分析；最后，对提高中央银行独立性提出相关政策建议。

三、基于"成本渠道"的"价格之谜"分析

在经济过热、物价上涨时，采用提高利率的紧缩性货币政策，会使银行贷款利率上升，在企业以银行信贷为主要融资渠道的情况下，其营运成本会提高，生产规模收缩，总供给减少的同时产品价格提高。这就是所谓的货币政策的"成本渠道"。这一传导渠道会放大紧缩性政策对产出的影响，并引发成本推动型的通货膨胀，从而在很大程度上削弱货币政策的效果，形成"价格之谜"。即物价水平总是在一段时期内呈现出与利率同方向变化的趋势，紧缩性的货币政

策通常伴随着长时期的通货膨胀。现有的理论研究表明,成本效应的影响程度与产业结构、金融结构、收入水平和消费结构有关,若存在一个较大的劳动供给工资弹性和劳动产出弹性,使总供给对利率越敏感,而总需求对利率敏感度越低,成本效应就越发显著。

目前有关货币政策传导机制中的成本渠道的实证研究主要集中于发达国家,而对发展中国家的相关研究明显匮乏。本书计划就下列问题进行研究:第一,我国是否存在成本渠道这一货币政策传导机制所导致的"价格之谜"现象?第二,如果存在,该传导渠道对我国物价调控的影响有多大?第三,形成这一传导机制的原因是什么?第四,应采取怎样的政策应对措施?

第三节 研究内容与框架概述

本书的研究思路及行文安排如下:

第二章为我国通货膨胀短期动态机制。分别从粘性价格和包含粘性价格与粘性信息的双粘性框架入手,深入分析通胀预期在我国通货膨胀短期动态机制中的作用,并据此提出相应的防通胀建议。

第三章为公众学习、信息披露与通胀预期形成。本章在量化信息披露和通胀预期的基础上,分别实证分析央行信息披露、媒体信息披露对公众通胀预期的影响。

第四章为引入金融形势指数的货币政策反应函数在中国的检验。本章构建具有经济金融信息预测能力的金融形势指数,将其分别引入数量型和价格型货币政策调控工具并进行比较分析,依据检验结果进一步剖析非线性价格型工具的作用。

第五章为中国货币政策工具的选择。本章从微观主体最优化问题出发,推导出动态 IS 曲线和混合新凯恩斯菲利普斯曲线,并实证分析不同经济情况下货币政策数量型工具和价格型工具的调控效果。

第六章为货币政策转向与非对称效应。本章通过构建多变量 Logistic 平滑迁移向量自回归(LSTVAR)模型,实证检验中国货币政策的非对称效应,判断宏观经济状态,修正经济"增长主义"的政策导向,并以此制定科学合理的政策组合。

第七章为适应性学习、通胀预期形成与我国最优货币政策。本章在新凯恩斯框架内，分别从理性预期和适应性学习预期入手，通过动态模拟分析，甄别适合我国国情的最优货币政策框架。

第八章总结前述研究成果，并针对新常态下经济发展特征提出货币政策转型的操作建议。

本书研究的技术路线如图1-1所示。

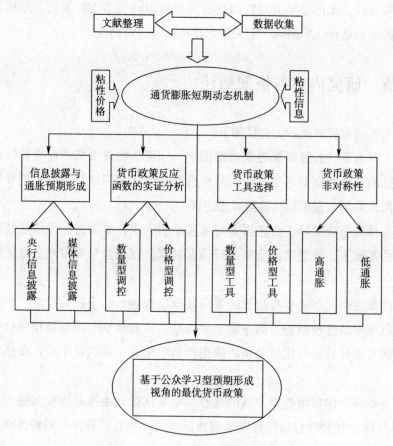

图1-1　本书研究的技术路线图

第二章

我国通货膨胀短期动态机制

众所周知，在货币政策的四大目标（稳定物价、促进增长、充分就业、国际收支平衡）中，稳定物价是一个最基础的目标。只有物价稳定，才能更好地推动经济增长，创造就业机会，推动产业结构升级进而实现国际收支平衡。可见，防通胀在整个货币政策中具有至关重要的基础性地位。然而，我们只有在着重分析了我国通货膨胀短期动态机制之后，才能更好地为中央银行的防通胀政策提出合理化建议。因此，本章拟从粘性价格和粘性信息两大基本视角出发，对同时反映总供给状况和通货膨胀动态性质的我国新凯恩斯菲利普斯曲线进行实证检验，并进一步深入分析我国通货膨胀的短期动态机制。

第一节 研究概述

一、研究背景

英国经济学家 Phillips（1958）通过研究发现，货币工资增长率与失业率之间存在相互替代的关系，提出了著名的菲利普斯曲线。凯恩斯主义者则以此为基础建立了总供给曲线，作为供求分析的重要组成部分。20 世纪 70 年代，由于凯恩斯主义在解决滞胀问题时表现乏力，新古典宏观经济学派兴起。该学派以微观经济理论为基础进行宏观经济分析，提出了理性预期假设，在学术理论上有所突破。但该学派极端自由化的政策主张受到质疑，其市场出清的微观假设也脱离实际。新凯恩斯主义者在前人研究的基础上，结合理性预期假设，从工资粘性、价格粘性出发构建了具有微观基础的经济模型。这样，建立在 Taylor（1980）和 Calvo（1983）理论上的新凯恩斯菲利普斯曲线也应运而生。该模型的具体形式为：$\pi_t = \beta E_t \pi_{t+1} + k y_t$，表明通货膨胀率取决于当期的产出缺口和当期对下一期通胀的预期。近年来，该曲线在货币政策分析方面得到了广泛应用。

但新凯恩斯菲利普斯曲线也存在很大的不足，它的实证显示通货膨胀对货币政策冲击反应迅速，这与现实并不完全相符。Ball（1994）指出，根据新凯恩斯菲利普斯曲线，能得出紧缩性政策将导致经济繁荣而不是经济衰退的结论，而这与事实恰恰相反。Fuhrer 和 Moore（1995）指出，新凯恩斯菲利普斯曲线无法解决通胀惯性等问题。为解决这些问题，国内外学者对新凯恩斯菲利普斯曲线进行了各种改进，在不同程度上取得了成功。例如 Gali 和 Gertler（1999）提出的混合模型很好地解决了通胀持续性问题，陈彦斌（2008）在 Gali 和 Gertler（1999）基础上建立了四因素模型，分析了中国的通胀问题。

Mankiw 和 Reisd（2002）则从粘性信息而非粘性价格的角度出发，提出了粘性信息菲利普斯曲线（SIPC）以取代新凯恩斯菲利普斯曲线。他们的模型解决了通货膨胀持续性、货币政策滞后性等问题，也表明了紧缩性政策总会导致衰退。Carroll（2003）指出，Mankiw 和 Reis（2002）模型之所以能够解决如此多的困扰，是因为他们放松了所有经济单位每个时刻都是理性的假设。随后，Reis（2006）、Jinnai（2007）和 Coibion（2010）等人也分别建立了粘性信息模型来解释总需求对产出和价格的动态影响。Mankiw 和 Reis（2002）模型的核心思想是宏观经济信息在人群中传播速度缓慢。而信息传播缓慢，主要是因为人们更新信息需要成本，因而有的企业及时更新信息，而有的企业可能连续几期都不更新。因此，不同企业的信息集也就有所不同，而在信息集基础上形成的宏观经济预期也会有所区别。虽然 Mankiw 和 Reis（2002）模型假设了企业每一期都会制定最优价格，但信息集的不同最终导致不同企业的定价差异。

针对 Mankiw 和 Reis（2002）提出的以 SIPC 替代 NKPC 的主张，国外一些学者提出了反对意见。如 Korenok（2008）、Coibion（2010）等通过实证发现，粘性价格模型对数据的拟合效果要比粘性信息模型好很多，Coibion（2010）更是直接指出 SIPC 过于平滑，缺乏波动性。还有一些研究表明，粘性信息模型无法解释通胀对技术冲击反应迅速等问题。Dupor 等（2010）则同时考虑粘性价格和粘性信息的假设，建立了双粘性菲利普斯曲线模型（DSPC）来解释美国的通胀问题。在他们的模型中，企业每一期都要面临更新价格和更新信息的问题，为了处理方便，他们假设了企业每一期更新价格和更新信息的概率是相互独立的。其经验研究表明粘性价格和粘性信息都是存在的，指出无法用粘性信息模型来替代粘性价格模型，而两者的结合即双粘性模型可能更有助于对实际问题的解释。

粘性信息模型或双粘性模型都表明通货膨胀率不仅取决于当期的产出缺口，也取决于不同时期对当期通货膨胀率和产出缺口增长率的预期，这一特征大大增加了对模型参数估计的难度。在 SIPC 中，最主要的参数就是信息粘性程度，该参数反映了企业更新信息的频率。在 DSPC 中，则同样面临着该参数的校准问题。因此本节的目的之一就是要估计出中国的信息粘性程度，同时，本节还将比较 SIPC、DSPC、NKPC 和混合 NKPC 在解释中国通胀问题时的表现。本节拟在引入预期和平滑机制的泰勒规则基础上建立状态空间模型，通过 Kalman 滤波估计出不同时期对当期通货膨胀率和产出缺口增长率的预期，进而对 Mankiw 和 Reis（2002）模型中的 SIPC 及 Dupor 等（2010）模型中的 DSPC 和 NKPC、混合 NKPC 进行参数估计，并进一步分析比较它们的拟合效果。

二、文献回顾

粘性信息菲利普斯曲线提出后，国外学者通过构建不同的模型，使用不同的方法对其进行了参数估计。不同模型所得到的估计结果也不尽相同。Mankiw 和 Reis（2003）从工资和失业的角度，使用最小二乘法对信息的粘性程度进行了估计，他们发现工资制定者大约一年更新一次信息。Carroll（2003）受疾病传播模型的启发，把新闻报道作为信息源，为 Mankiw 和 Reis（2002）模型的信息传播提供了微观基础。他假定新闻媒体所报道的通胀预期是理性的，并把一定时期吸收信息的人口比例作为信息粘性程度。Carroll（2003）具体演化了人们通胀预期的形成过程，并运用密歇根调查数据和专家形成的（理性的）通胀预期调查数据，估计出了信息粘性程度约为0.27，这意味着约有1/4的人口使用最新信息进行决策。Dopke 等（2005）运用欧洲国家的数据为信息传播提供了相似的理论支持。

Kiley（2005）运用极大似然估计法分别对粘性价格和粘性信息模型进行了估计。他发现混合新凯恩斯菲利普斯曲线能够更好地拟合数据，对通胀的动态特征把握得更加准确。但这并不意味着粘性信息模型不重要，因为混合模型的一些假设本就是基于不完全信息的。他还分别利用1965—2002年和1983—2002年的数据对SIPC进行了估计，得出的信息粘性程度并不相同，大约在0.59～0.39。Khan 和 Zhu（2006）借鉴 Stock 和 Watson（2001）的双变量向量自回归模型，估计出了通货膨胀预期和产出缺口增长率预期，并进一步使用非线性最小二乘法估计出了美国信息粘性程度。他们认为美国信息粘性时长介于3个季度到7个季度之间，意味着使用最新信息进行价格决策的企业所占比例大约在33%～13%。Coibion（2010）同样比较了粘性信息菲利普斯曲线和新凯恩斯菲利普斯曲线，并分别作出了两条曲线的拟合图形。通过图形可以看出，NKPC 能够很好地刻画美国通货膨胀率的走势，捕捉到了20世纪70年代和80年代初期两个通胀高峰。他的实证显示 NKPC 能够解释美国通货膨胀率的80%左右。但 SIPC 能够解释通胀的成分就小得多了，它的拟合曲线更加趋于平滑，这主要是因为 SIPC 增加了对过去预期的权重。

Dupor 等（2010）同时基于粘性价格和粘性信息的假设，建立了以边际成本形式表示的双粘性菲利普斯曲线。他们的通胀方程包含了通胀滞后项、产出缺口项、前瞻性预期项和滞后预期项，在与其他模型的比较中，发现 DSPC 对美国通胀的拟合效果最优。估计结果显示，在美国，每个季度约有14%的企业更新价格，有42%的企业更新信息。但当他们允许有典型的策略互补水平时，估计结果则分别变为了28%和70%。他们还测量了两种粘性的相对重要性，发现在拟合美国通胀时，粘性价格比粘性信息更加重要。通过与纯粹的粘性信息模型的对比，可以发现双粘性模型对信息粘性程度的估值偏大。

针对中国菲利普斯曲线的研究也很多。范从来（2000）、刘斌和张怀清

（2001）以及赵博和雍家胜（2004）等就菲利普斯曲线在中国的适用性问题进行了探讨，他们分别基于适应性预期的研究表明中国的菲利普斯曲线是存在的。Scheibe 和 Vines（2005）的研究表明，基于理性预期的新凯恩斯菲利普斯曲线对中国的通胀动态特性有更强的解释力。陈彦斌（2008）建立了四因素的混合新凯恩斯菲利普斯曲线，从通胀预期、通胀惯性、需求拉动、成本推动四个角度讨论了中国的通胀问题。杨继生（2009）、张成思（2012）、卞志村和高洁超（2013）等从不同角度拓展了 NKPC 模型及其在中国的应用。

但国内外学者针对我国粘性信息菲利普斯曲线的研究相对较少，仅有的几篇也多是概述性的文献。张成思（2007）对研究短期通胀率动态机制的各种模型进行了评述，对粘性信息理论的优缺点进行了点评。李彬和刘凤良（2007）使用 SVAR 模型估计了各期对本期通胀和产出缺口增长率的预期，估计出1990—2005 年的信息粘性程度在 0.34 ~ 0.47。他们还比较了 SVAR 模型、粘性信息模型和粘性价格模型对于一个标准差货币政策冲击的动态响应。王军（2009）认为粘性信息理论是新凯恩斯主义经济理论的前沿，他对粘性信息的含义、根源、发展及对经济分析的意义进行了评述。彭兴韵（2011）对粘性信息理论进行了全面的总结和梳理，介绍了信息粘性的来源、度量，粘性信息菲利普斯曲线的推导，及粘性信息在动态一般均衡模型中的应用。

以上这些研究大大丰富了我们对菲利普斯曲线的理解。但是这些研究少有对我国粘性信息菲利普斯曲线进行具体实证分析，这使得我国基于粘性信息框架的研究没有取得太多进展。就双粘性模型方面而言，国内的研究则几乎为空白。因此，本章试图在已有研究的基础上，进一步探讨粘性信息模型、双粘性模型在中国的适用性问题，并比较二者与原有的粘性价格模型、混合 NKPC 模型在解释中国通胀问题时的具体表现。

第二节 粘性信息模型与双粘性模型构建：一个比较分析视角

一、粘性信息菲利普斯曲线

Mankiw 和 Reis（2002）假定，在垄断竞争市场下，企业每一期都会制定最优的价格。但由于宏观经济信息在人群中传播缓慢，企业用以制定最优价格的信息却不一定是最新的。假设每一期有 λ 比例的企业获得最新宏观经济信息，并在此基础上制定最优价格，而其他企业则基于过时的信息定价。他们还假设每一个企业每一期更新信息的概率 λ 是一样的，而且这一概率独立于历史更新次数。此处假设与 Calvo（1983）模型有相似之处。SIPC 的推导如下：

企业根据利润最大化的原则推出其最优价格为

$$p_t^* = p_t + \alpha y_t \qquad (2.1)$$

其中，p_t^* 表示企业的最优价格，p_t 表示总体价格水平，y_t 表示产出缺口，这些变量均为对数形式。α 表示产出缺口对企业最优价格的影响程度，这一参数取决于偏好、技术、市场结构等。李彬和刘凤良（2007）指出，α 是策略互补水平的度量，这是企业定价时参照其他企业定价行为而形成的。该策略互补源自于市场垄断竞争的特征，取值在 $0 \sim 1$。

粘性信息假设意味着基于 j 期前信息集制定的价格为

$$x_t^j = E_{t-j} p_t^* \qquad (2.2)$$

则总体价格水平是经济中所有企业定价的平均值：

$$p_t = \lambda p_t^* + \lambda(1-\lambda)E_{t-1}[p_t^*] + \cdots + \lambda(1-\lambda)^j E_{t-j}[p_t^*] + \cdots$$

$$= \lambda \sum_{j=0}^{\infty} (1-\lambda)^j x_t^j \qquad (2.3)$$

结合式（2.1）、式（2.2）和式（2.3）可得

$$p_t = \lambda \sum_{j=0}^{\infty} (1-\lambda)^j E_{t-j}(p_t + \alpha y_t) \qquad (2.4)$$

在方程（2.4）的基础上，经过一系列数学推导可得到粘性信息菲利普斯曲线：

$$\pi_t = \left(\frac{\alpha\lambda}{1-\lambda}\right)y_t + \lambda \sum_{j=0}^{\infty} (1-\lambda)^j E_{t-1-j}(\pi_t + \alpha\Delta y_t) \qquad (2.5)$$

这里 $\Delta y_t = y_t - y_{t-1}$ 是产出缺口增长率。从式（2.5）可以看出通货膨胀率取决于产出缺口、各期对当期通货膨胀率和产出缺口增长率的预期。与 NKPC 强调对未来通货膨胀的预期不同，在粘性信息模型中强调的是过去对现在的预期。两者之间的这一重要区别决定了各自性质的不同。在 SIPC 中，λ 表示信息的粘

性程度。随着 λ 的增加，会有更多的企业使用最新的信息进行价格决策。

二、双粘性菲利普斯曲线

双粘性菲利普斯曲线同时考虑粘性价格和粘性信息两个方面。在该分析框架下，纯粹的粘性价格模型或粘性信息模型都只是它的特例。如 SIPC 中一样，假设企业每一期更新信息的概率为 λ，同时假设企业每一期更新价格的概率为 γ。为了处理的方便，还假设更新价格的概率 γ 与更新信息的概率 λ 不相关。我们用 p_t 表示总体的价格水平，用 q_t 表示所有更新的价格形成的一个价格水平。

这样，由于在 t 期只有 γ 比率的企业更新了价格，所以得到

$$p_t = (1 - \gamma)p_{t-1} + \gamma q_t \tag{2.6}$$

也可以写成：

$$\pi_t = \frac{\gamma}{1 - \gamma}(q_t - p_t) \tag{2.7}$$

根据粘性价格的假设，如果企业在最新的信息集上定价，则有

$$p_t^f = \gamma \sum_{k=0}^{\infty} (1 - \gamma)^k E_t p_{t+k}^* \tag{2.8}$$

此处的 p_t^* 与前文一致，p_t^f 表示企业基于最新信息集所作出的定价等于当期最优价格与未来所有期最优价格的加权平均。p_t^f 的确定之所以是前瞻性的，主要是考虑到不能经常地更新价格，即价格是具有粘性的。

由式（2.8）可以推导出：

$$p_t^f = \gamma p_t^* + (1 - \gamma)E_t p_{t+1}^f \tag{2.9}$$

如果是基于过去信息集定价的话，比如基于 j 期前信息集定价，则有

$$x_t^j = E_{t-j} p_t^f \tag{2.10}$$

那么，所有更新后的价格形成的价格水平 q_t 可以表示为

$$q_t = \lambda \sum_{j=0}^{\infty} (1 - \lambda)^j E_{t-j}(p_t^f) \tag{2.11}$$

由式（2.11）可得

$$q_t = (1 - \lambda)q_{t-1} + \lambda(1 - \lambda)\sum_{j=0}^{\infty} (1 - \lambda)^j E_{t-1-j}(\Delta p_t^f) + \lambda p_t^f \tag{2.12}$$

其中，$\Delta p_t^f = p_t^f - p_{t-1}^f$。将式（2.12）两边同时减去 p_t 可得

$$q_t - p_t = (1 - \lambda)(q_{t-1} - p_{t-1}) - (1 - \lambda)\pi_t + \lambda(p_t^f - p_t) +$$

$$\lambda(1 - \lambda)\sum_{j=0}^{\infty}(1 - \lambda)^j E_{t-1-j}(\Delta p_t^f) \tag{2.13}$$

将式（2.13）代入式（2.7）并结合式（2.1）、式（2.6）、式（2.8）和式（2.9）可得双粘性模型[①]：

$$\pi_t = \frac{(1 - \gamma)(1 - \lambda)}{1 - \gamma\lambda}\pi_{t-1} + \frac{\gamma^2\lambda\alpha}{1 - \gamma\lambda}y_t + \frac{\gamma^2\lambda}{1 - \gamma\lambda}\sum_{k=1}^{\infty}(1 - \gamma)^k E_t\left(\sum_{i=1}^{k}\pi_{t+i} + \alpha y_{t+k}\right)$$

$$+ \frac{\gamma(1 - \lambda)\lambda}{1 - \gamma\lambda}\sum_{j=0}^{\infty}(1 - \lambda)^j\gamma\sum_{k=0}^{\infty}(1 - \gamma)^k E_{t-1-j}(\pi_{t+k} + \alpha\Delta y_{t+k})$$

$$\tag{2.14}$$

或者得到如下式（2.15）：

$$\pi_t = \frac{(1 - \gamma)(1 - \lambda)}{\zeta}\pi_{t-1} + \frac{\gamma^2\lambda\alpha}{\zeta}y_t + \frac{(1 - \gamma)}{\zeta}E_t\pi_{t+1} +$$

$$\frac{\gamma^2\lambda(1 - \lambda)}{\zeta}\sum_{j=0}^{\infty}(1 - \lambda)^j E_{t-1-j}(\pi_t + \alpha\Delta y_t)$$

$$\tag{2.15}$$

$$- \frac{\gamma(1 - \gamma)(1 - \lambda)\lambda}{\zeta}\sum_{j=0}^{\infty}(1 - \lambda)^j\gamma\sum_{k=0}^{\infty}$$

$$(1 - \gamma)^k(E_{t-j} - E_{t-1-j})(\pi_{t+k+1} + \alpha\Delta y_{t+k+1})$$

其中，$\zeta = 1 - \gamma\lambda + (1 - \lambda)(1 - \gamma)^2$。式（2.14）与 Dupor 等（2010）以边际成本形式表示的双粘性菲利普斯曲线是对应的。式（2.15）则与 Kitamura（2008）中的 DSPC 是一致的。Kitamura（2008）令 $\eta_t = -\dfrac{\gamma(1 - \gamma)(1 - \lambda)\lambda}{\zeta}$

$\sum_{j=0}^{\infty}(1 - \lambda)^j\gamma\sum_{k=0}^{\infty}(1 - \gamma)^k(E_{t-j} - E_{t-1-j})(\pi_{t+k+1} + \alpha\Delta y_{t+k+1})$，并指出 η_t 的均值为零，由对未来通胀和产出缺口增长率的预期误差之和构成。他认为该项是通胀惯性的又一原因，对经验拟合也起到了一定的作用。从 DSPC 中，我们能够很容易得到纯粹的 SIPC 和 NKPC。当 $\lambda = 1$ 时，即不考虑信息的粘性问题，DSPC 就转化成了 NKPC；当 $\gamma = 1$ 时，即不考虑价格的粘性问题，DSPC 就转化成了 SIPC。

---

① 限于篇幅，推导过程可向作者索取。

第三节 通胀预期和产出缺口预期的估计

一、状态空间模型的建立

为估计出中国的信息粘性程度，首先要估计出各期对当期通货膨胀率和产出缺口增长率的预期。本节在引入预期和平滑机制的泰勒规则基础上建立状态空间模型，通过 Kalman 滤波估计出不同时期对当期通货膨胀率和产出缺口增长率的预期。

Taylor（1993）认为可以根据通胀和产出与其目标值之间的差距来调节真实利率，提出了著名的泰勒规则。其具体形式如下：

$$i_t^* = r^* + \pi_t + \beta_1(\pi_t - \pi^*) + \beta_2 y_t \qquad (2.16)$$

后来的学者对其进行了拓展与改进。Clarida 等（2000）引入前瞻性预期因素提出：

$$i_t^* = r^* + \pi_t + \beta_1(E[\pi_{t,k}|\Omega_t] - \pi^*) + \beta_2(E[y_{t,q}|\Omega_t]) \qquad (2.17)$$

其中，$\pi_{t,k}$ 表示从 t 期到 $t+k$ 期的通货膨胀水平，$y_{t,q}$ 表示 t 期到 $t+q$ 期的产出缺口，i_t^* 为名义利率目标值，r^* 为长期均衡实际利率，E 是预期因子，Ω_t 表示 t 期的信息集。谢平和罗雄（2002）、卞志村（2006）、张屹山和张代强（2007）等都采用 Clarida 等（2000）的反应函数及其改进函数对泰勒规则进行了估计，各个模型的拟合优度都比较好。张屹山和张代强（2007）指出，由于统计数据的滞后，货币当局只能参照上期的数据对经济情况进行决策，因此：

$$i_t^* = r^* + \pi_{t-1} + \beta_1(E[\pi_{t+1}|\Omega_{t-1}] - \pi^*) + \beta_2(E[y_{t+1}|\Omega_{t-1}]) \qquad (2.18)$$

央行在进行决策时看重预期的影响，但与上文提到的前瞻性预期不同，本节认为央行更多的是看重对本期通货膨胀率和产出缺口的预期。此外，Kozicki（1999）、Rapach 和 Weber（2001）等认为长期均衡实际利率的估计结果受样本区间的影响，参照刘金全和张小宇（2012）的做法，本节对长期均衡实际利率 r^*、通胀目标 π^* 引入时变因素，为 r_t^{**}、π_t^{**}。因此，本节改进的泰勒规则为

$$i_t^* = r_t^{**} + \pi_{t-1} + \beta_1(E_{t-1}\pi_t - \pi_t^{**}) + \beta_2(E_{t-1}y_t) \qquad (2.19)$$

由于货币当局在调整利率时存在明显的利率平滑现象，因此引入利率调整的平滑行为

$$i_t = (1 - \rho)i_t^* + \rho i_{t-1} + \varepsilon_{0t} \tag{2.20}$$

其中，i_t 为名义利率，ε_{0t} 为随机误差项，$\rho \in [0, 1]$ 为利率平滑参数。最终得到泰勒规则为

$$i_t = (1 - \rho)r_t^{**} + (1 - \rho)\pi_{t-1} + (1 - \rho)\beta_1(E_{t-1}\pi_t - \pi_t^{**})$$
$$+ (1 - \rho)\beta_2(E_{t-1}y_t) + \rho i_{t-1} + \varepsilon_{0t} \tag{2.21}$$

为估计各期对当期通货膨胀率和产出缺口增长率的预期，还要引入理性预期机制：

$$\pi_t = E_{t-1}\pi_t + \varepsilon_{1t} \tag{2.22}$$

$$y_t = E_{t-1}y_t + \varepsilon_{2t} \tag{2.23}$$

将式（2.21）、式（2.22）、式（2.23）视作量测方程，将状态变量 $E_{t-1}\pi_t$、$E_{t-1}y_t$、π_t^{**}、r_t^{**} 表示成各自一阶滞后项的 $u_{jt} \sim i.i.d\,(0, \sigma_{jt}^2)$ 线性表达式，作为状态方程，表示成如下状态空间形式：

量测方程为：$z_t = H\alpha_t + Ax_t + \varepsilon_t$

状态方程为：$\alpha_t = F\alpha_{t-1} + Gx_t + u_t$

其中，$z_t = (i_t, \pi_t, y_t)'$，$\alpha_t = (E_{t-1}\pi_t, E_{t-1}y_t, \pi_t^{**}, r_t^{**})'$，

$x_t = (i_{t-1}, \pi_{t-1}, 1)'$，$\varepsilon_t = (\varepsilon_{0t}, \varepsilon_{1t}, \varepsilon_{2t})'$，$u_t = (u_{3t}, u_{4t}, u_{5t}, u_{6t})'$，

$\varepsilon_{it} \sim i.i.d\,(0, \sigma_{it}^2)$，

$$H = \begin{pmatrix} (1-\rho)\beta_1 & (1-\rho)\beta_2 & -(1-\rho)\beta_1 & 1-\rho \\ 1 & 0 & 0 & 0 \\ 0 & 1 & 0 & 0 \end{pmatrix}, A = \begin{pmatrix} \rho & 1-\rho & 0 \\ 0 & 0 & 0 \\ 0 & 0 & 0 \end{pmatrix},$$

$$F = \begin{pmatrix} 1-\gamma_1 & 0 & 0 & 0 \\ 0 & 1-\gamma_2 & 0 & 0 \\ 0 & 0 & 1-\gamma_3 & 0 \\ 0 & 0 & 0 & 1-\gamma_4 \end{pmatrix}, G = \begin{pmatrix} 0 & 0 & \gamma_1 \\ 0 & 0 & \gamma_2 \\ 0 & 0 & \gamma_3 \\ 0 & 0 & \gamma_4 \end{pmatrix}$$

二、数据选取

本节使用季度数据进行经验研究，样本区间为 1996 年第一季度到 2012 年第四季度，共 68 个样本点。为消除季节因素的影响，所有变量都经过 X12 加法季节调整。

1. 利率。由于利率在我国并没有完全市场化，故需选择市场利率的代理变量。我国货币市场是从 1984 年建立银行间同业拆借市场起步的，1996 年全国统一的同业拆借市场运行成功（卞志村，2006）。国内许多学者认为 7 天期银行间同业拆借利率能够很好地反映市场的资金供求关系。故本节选取 1996 年到 2012 年 7 天期银行间同业拆借利率作为市场利率的代理变量。

2. 通货膨胀率。目前，我国通货膨胀率主要使用 GDP 平减指数或消费者价格指数求得。本节选取 CPI 的月度环比数据，并在其基础上通过季度内三个月 CPI 连乘得到 CPI 的季度环比数据。对 CPI 季度环比数据取对数，然后再乘以 100 即可得到季度通货膨胀率。

3. 产出缺口。产出缺口度量的是实际产出与潜在产出之间的差额。本节通过名义 GDP 累计数据获得其各季度值，然后用名义 GDP 除以定基 CPI 得到各季度的实际 GDP。产出缺口 = 100 ×（实际 GDP－潜在 GDP）/ 潜在 GDP，其中潜在 GDP 由 HP 滤波求得。

三、Kalman 滤波估计结果

根据 Kalman 滤波一步向前预测方法，我们可以得到量测向量和状态向量的时间序列。通胀目标和长期均衡实际利率如图 2－1 和图 2－2 所示。从图 2－1 中我们可以看出，通胀目标的波动幅度较实际通胀更大一些，对后者能起到一定调节作用。从 1998 年起，我国开始实施扩张性的宏观经济政策，这一事实也明显地反映到了通胀目标上。而与 2008 年国际金融危机相对的是，我国通胀目标有较高的设定，这些都表明我国宏观经济政策在一定程度上存在逆经济风向的特征。可以说，这些阶段性的政策目标一方面反映了货币当局对经济形势的判断，另一方面也与我国货币政策最终目标"保持货币币值的稳定，并以此促进经济增长"是一致的。

表 2 - 1   状态空间模型的参数估计

	参数值	标准差		参数值	标准差
$1-\rho$	0.041106	0.024528 *	$\ln\sigma_3^2$	-1.234361	0.406165 ***
β_1	6.047689	4.235643	γ_2	0.049814	0.094512
β_2	1.994162	1.361281	$\ln\sigma_4^2$	-0.093541	0.382675
$\ln\sigma_0^2$	-2.718342	0.409197 ***	γ_3	9.71E-11	5.88E-11 *
$\ln\sigma_1^2$	-1.753506	0.570121 ***	$\ln\sigma_5^2$	-1.727698	0.953590 *
$\ln\sigma_2^2$	0.013653	0.198799	γ_4	0.290231	2.996937
γ_1	0.286476	0.117472 **	$\ln\sigma_6^2$	0.882290	5.053057
对数似然值	-258.2863		AIC 准则	8.008421	
参数个数	14		SC 准则	8.465378	

注：*、**和***分别表示在90%、95%和99%的置信水平下显著。

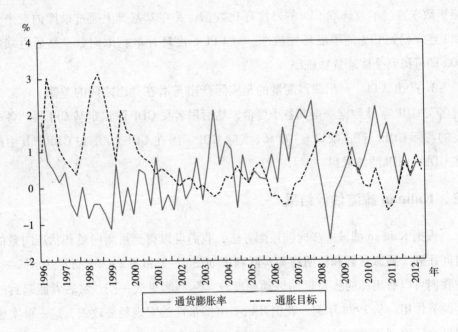

图 2 - 1 通货膨胀目标值

通过对图 2 - 2 中的时间序列做 HP 滤波可以看出，我国长期均衡实际利率虽然随着时间的变化而变化，但其趋势项总体稳定在 1% 左右，其波动多受经济周期的影响，如 2008 年左右，长期均衡实际利率受全球金融危机的影响有所下

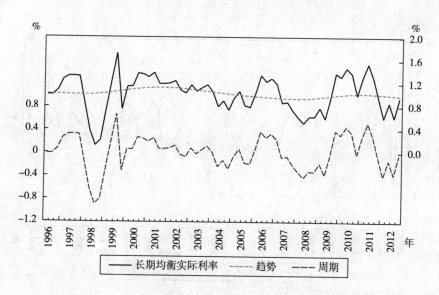

图 2 - 2　长期均衡实际利率

跌。我们还发现，该均衡利率的变动往往领先于通货膨胀率、产出缺口等宏观经济变量，例如其在 2007 年初就开始出现下降的趋势，这一点对我国货币政策的制定具有重要的参考价值。对通胀预期和产出缺口预期及利率规则值估计结果如图 2 - 3 至图 2 - 5 所示。

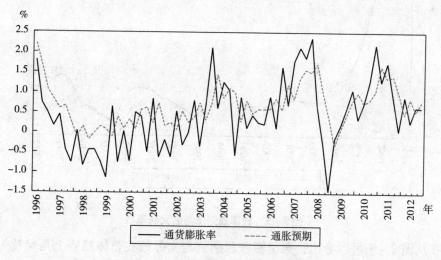

图 2 - 3　季度通胀预期与实际通胀率

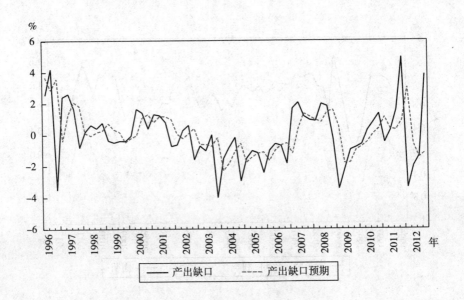

图 2-4 季度产出缺口预期与实际产出缺口

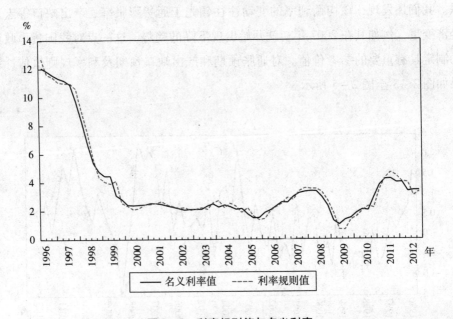

图 2-5 利率规则值与名义利率

从图 2-3 可以看出，通货膨胀预期值与实际值在整体趋势上是保持一致的，但相比而言，通胀预期更加平稳。我国 1992 年到 1996 年有较为严重的通货膨胀，通胀率在 1994 年达到最高值，其后迅速下降。从 1996 年到 1999 年，我国通货膨胀率持续走低，甚至出现了持续为负值的现象，这一通货紧缩到 1999 年才基本停止。很明显地，同期通胀预期也随之有大幅度地下降。但我们发现，通胀预期从 1998 年中开始有较为持续的恢复，这与 1998 年开始连续 4 年增发 1 100 亿~1 500 亿元的特殊国债来扩大政府支出有很大关系。樊纲（2003）指出，1998 年是政府第一次明确地以扩张性财政政策来进行反周期操作。从 1999 年起，通货膨胀率开始恢复，并伴有小幅波动，但一直到 2003 年上半年通货膨胀率还基本保持为负值。在此期间，通胀预期保持着较为平稳的状态，同时也很好地捕捉到了通胀的一些波动。到了 2003 年后半年，通货膨胀率出现了突然上升，不难看出，通胀预期较通胀的反应慢一些，但随后两者逐渐趋近。可见通胀预期对一些意外的冲击是无法预测的，但会很快地做出调整。2003 年底通货膨胀率出现回落时，通胀预期却仍然上升并超过了实际通胀，随后才表现出下降趋势。2004 年通货膨胀率又先后出现了上升与下降，通胀预期则因几次高通胀而维持在较高水平。从 2004 年下半年直到 2005 年底，通胀预期一直表现出回落态势，而从 2006 年开始通胀预期受通胀影响持续大幅走高。通胀和通胀预期在 2008 年初接连达到最高值，随后又一路下跌。卞志村和张义（2012）指出此处通胀下跌是受全球金融危机的影响，而随后 2009 年的通胀和通胀预期的新一轮持续上涨，是由于我国推出了积极的财政政策和适度宽松的货币政策。到了 2010 年，通胀和通胀预期又接连达到峰值，之后受国内外因素的影响逐渐回落。

图 2-4 显示，产出缺口预期值与实际值在总体趋势上同样保持一致，预期值随实际值的变化而变化。产出缺口实际值与预期值从 1996 年到 1999 年底，总体保持下降趋势，这与之前通胀分析中提到的通货紧缩是对应的，期间 1998 年出现的回升与上文提到的扩张性财政政策是分不开的。从 2000 年到 2003 年，我国 GDP 以平均每年 7%~8% 的水平快速增长，但图 2-4 中显示我国产出缺口及其预期却呈现出下降的趋势。根据奥肯定律，我们知道，产出缺口与失业率之间呈负相关关系，这表明我国经济快速增长的同时，却伴随着失业率的攀升。刘伟（2007）指出，这主要是由于我国经济双重转轨的特殊体制和发展背景。2001 年我国加入世界贸易组织后受到很大的技术冲击，这对企业生产效率的提

高和成本的降低等起到了很大作用。2003 年以后，随着国内外形势的稳定，我国经济保持着平稳较快的增长速度，产出缺口也由负转正并持续上涨。2008 年由于受到全球金融危机的影响，产出缺口实际值与预期值出现了大幅下降，随后又受我国财政货币政策和世界经济形势的影响逐渐恢复走高。

本节通过 Kalman 滤波对引入预期和平滑机制的泰勒规则进行了估计，得到的利率规则值如图 2-5 所示。从表 2-1 中我们可以看到，利率平滑系数 ρ 是显著的，估计结果为 0.96 左右，表明我们的利率在调整过程中具有很高的平滑特征。通过实证我们发现利率规则值对实际值的拟合程度很好，可决系数 R^2 达到 98.5%，残差序列在 99% 的置信水平下是平稳的。可见，中国人民银行虽然没有承诺使用特定的货币规则，但其政策的制定在一定程度上具有货币政策反应函数的特征。

第四节　粘性信息模型与双粘性模型的实证分析

一、对粘性信息模型的实证估计

建立状态空间模型的最主要目的，就是利用 Kalman 滤波中的 N-period ahead 预测方法，估计出对未来各期通胀率和产出缺口的预期，从而可以求出过去各期对本期通胀率和产出缺口增长率的预期。图 2-3 和图 2-4 分别给出了上一期对本期通胀率和产出缺口的预期，图 2-6 和图 2-7 则显示出过去各期对本期通胀率和产出缺口增长率的预期。这为本部分对 SIPC 和 DSPC 进行估计奠定了基础。

下面我们首先对 SIPC 进行估计。由于 SIPC 方程右边的预期量是过去对现在的预期，包含过去无数期对本期的预期，故在估计 SIPC 之前首先要选取适当的 j^{max}，以实现对其近似的估计。式（2.5）变为如下形式：

$$\pi_t = \left[\frac{\alpha\lambda}{1-\lambda}\right]y_t + \lambda\sum_{j=0}^{j^{max}}(1-\lambda)^j E_{t-1-j}(\pi_t + \alpha\Delta y_t) + u_t \qquad (2.24)$$

其中，u_t 表示误差项，包含 $\lambda\sum_{j=j^{max}+1}^{\infty}(1-\lambda)^j E_{t-1-j}(\pi_t + \alpha\Delta y_t)$。在给定 λ 的情况

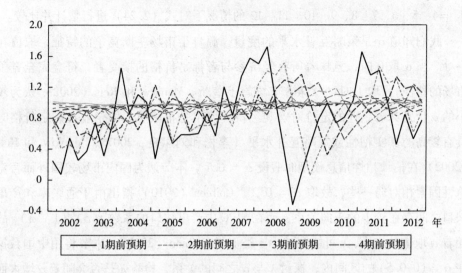

图 2-6 各期对本期通货膨胀率的预期

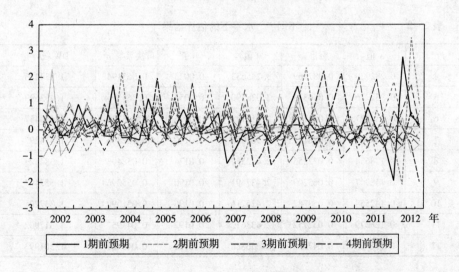

图 2-7 各期对本期产出缺口增长率的预期

下，随着 j^{max} 的增大，误差值变小。由于使用到过去对本期的预期值，样本区间调整为 2002 年[①]第一季度到 2012 年第四季度。基于此样本区间，本节将分别在

---

① 初始值的选取对 Kalman 滤波的估计结果是有影响的，但随着期数的推移，不同初始值得到的估计结果趋于稳定。又由于此处考虑到过去各期对本期的预期，将初始时期调整为 2002 年第一季度。

j^{max} = 4、5、6、7、8、9、10、11、12 的情况下对式（2.24）进行估计并比较。

我们知道 α 是策略互补水平的度量，源自于市场垄断竞争的特征，取值在 0 ~ 1。当 α 取 0 时，意味着所有经济参与者都是价格的接受者，符合完全竞争市场的特征。α 取 1 时，意味着市场趋于垄断。Mankiw 和 Reis（2002）认为较小的 α 值意味着企业的定价对宏观经济环境不是很敏感，即企业在制定价格时具有较高的真实粘性或策略互补水平（李彬和刘凤良，2007）。Mankiw 和 Reis（2002）在估计粘性信息模型时假设 α = 0.1，本节认为国内市场较国外而言竞争性因素相对弱一些，故取 α = 0.2。Coibion（2010）指出由于通胀率和产出缺口之间存在较小的正向关系，而在 SIPC 中产出缺口的系数为 $\alpha\lambda/(1-\lambda)$，故随着 α 取值的增大，λ 可能会减小。类似于 Coibion（2010），本节将用中国数据在 $\alpha \in (0, 0.5)$ 的区间内，探讨 λ 与 α 之间的关系，检验 λ 是否会随着 α 增大而减小。

表 2 - 2   不同 j^{max} 水平下的估计结果

j^{max}	λ 值	标准差	t 值	p 值	可决系数 R^2	DW 统计量
4	0.282920	0.087169	3.245633	0.0023	0.063194	1.534236
5	0.252776	0.086313	2.928590	0.0054	0.065399	1.493699
6	0.224327	0.082741	2.711198	0.0096	0.066338	1.450457
7	0.200062	0.078117	2.561053	0.0140	0.062806	1.414297
8	0.178654	0.072255	2.472557	0.0174	0.058408	1.384523
9	0.158947	0.065209	2.437491	0.0190	0.055096	1.357494
10	0.142558	0.058782	2.425216	0.0196	0.051090	1.337201
11	0.128379	0.052752	2.433612	0.0192	0.047957	1.317902
12	0.116023	0.047223	2.456886	0.0181	0.046401	1.301993

从表 2 - 2 估计结果可以看出，随着 j^{max} 的增大，λ 的估计值逐渐减小，这与 Khan 和 Zhu（2006）的估计情况一致。不同的是，对于同一 j^{max} 而言，用我国数据估得的值较美国更小一些。Khan 和 Zhu（2006）得到的美国信息粘性时长介于 3 个季度（取 j^{max} = 5 时）到 7 个季度（取 j^{max} = 12 时）之间。如果与 Khan 和 Zhu（2006）的研究相对应，则我国信息粘性时长介于 4 ~ 9 个季度，意味着我国使用最新信息进行价格决策的企业所占比例在 25.3% ~ 11.6%。可见我国企

业更新信息的速度较美国更慢一些，这与我国转型期的经济体制有很大关系。改革开放 30 多年来，我国经济体制经历了从计划经济到市场经济的转变，企业的产权结构也有了很大变化。但不可否认的是，很多国有企业受历史等因素影响，在一定程度上还是受到不少行政干预。信息在企业间的传递表现出很强的不对称性，这在总体上增加了信息的传递成本，降低了信息的传递速度。正如卞志村和张义（2012）所建议的那样，我国应建立健全信息披露机制，使信息能够更好更快地传递，消减企业间的信息不对称，起到管理和引导预期的作用。

图 2-8 显示的是 λ、R^2 与 α 之间的关系，可以看出 λ 随 α 的增大单调递减，这与上文的解释一致。本节的实证还显示 R^2 随 α 的增大而减小，这与 Coibion（2010）对美国的研究结论也是一致的。Coibion（2010）认为 SIPC 解决通胀率对货币政策反应滞后问题是靠牺牲 R^2 为代价的，虽然用我国数据得到的可决系数很小，但并不与此结论矛盾。我们必须指出，R^2 太小，大约为 6%，说明 SIPC 对数据的拟合效果非常不好，对我国通货膨胀率的解释力严重不足。

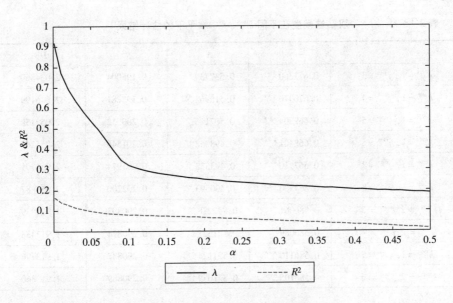

图 2-8　λ、R^2 与 α 之间的关系

二、对双粘性模型的实证估计

在对 SIPC 估计时，首先考虑了 j^{max} 的取值，与之一样，要想估计 DSPC 式（1.14），首先也要确定 k^{max} 和 j^{max} 的取值。本节给出了 $k^{max}=1$、2、3、4、5、6，$j^{max}=3$、4、5、6、7、8 所对应的估计结果，如表 2-3 和图 2-9 所示。

从表 2-3 和图 2-9 可以看出，λ 和 γ 的估值都是显著的，说明无论是粘性价格还是粘性信息都是存在的。但我们也发现，随着 k^{max} 取值的不断增大，λ 的估计结果越来越大，并在 $k^{max}=4$ 的时候超过了 1，与此同时可决系数 R^2 也有很明显的提高。这暗示随着 k^{max} 取值的增大，即在定价过程中考虑前瞻性的期数越多，模型拟合得越好，并且模型为了更好地拟合使得 λ 的估计值失去了意义。前文对我国 SIPC 的估计结果表明，粘性信息模型的拟合优度很低，而双粘性模型的拟合优度随前瞻性期数的增多而增大，这表明纯粹的 NKPC 可能对中国数据拟合得更好一些。此外，从表 2-3 和图 2-9 我们还发现，γ 的估计结果相对来说稳定得多，虽然随着 k^{max} 和 j^{max} 取值的不同而有所变化，但变化幅度相对较小。

表 2-3　　　　双粘性模型在不同 k^{max}、j^{max} 水平下的估计结果①

	γ	λ	R^2	DW
$k^{max}=1$, $j^{max}=3$	0. 671360 ***	0. 537739 **	0. 195004	2. 034860
$k^{max}=1$, $j^{max}=4$	0. 670470 ***	0. 518962 **	0. 198781	2. 046199
$k^{max}=1$, $j^{max}=5$	0. 669204 ***	0. 507116 **	0. 200552	2. 052158
$k^{max}=1$, $j^{max}=6$	0. 668401 ***	0. 498052 **	0. 201546	2. 055264
$k^{max}=1$, $j^{max}=7$	0. 667710 ***	0. 493538 **	0. 201974	2. 056791
$k^{max}=1$, $j^{max}=8$	0. 667360 ***	0. 490593 **	0. 202200	2. 057687
$k^{max}=2$, $j^{max}=3$	0. 586061 ***	0. 822228 ***	0. 290803	1. 911879
$k^{max}=2$, $j^{max}=4$	0. 586089 ***	0. 821321 ***	0. 290874	1. 913438
$k^{max}=2$, $j^{max}=5$	0. 586110 ***	0. 821124 ***	0. 290887	1. 913796
$k^{max}=2$, $j^{max}=6$	0. 586105 ***	0. 821079 ***	0. 290889	1. 913860

---

①　限于篇幅，此处只给出了部分估计结果。

续表

	γ	λ	R^2	DW
$k^{max} = 2, j^{max} = 7$	0.586111***	0.821071***	0.290889	1.913883
$k^{max} = 2, j^{max} = 8$	0.586108***	0.821068***	0.290889	1.913882
$k^{max} = 3, j^{max} = 3$	0.543157***	0.991541***	0.369856	1.684476
$k^{max} = 3, j^{max} = 4$	0.543169***	0.991541***	0.369856	1.684499
$k^{max} = 3, j^{max} = 5$	0.543163***	0.991541***	0.369856	1.684486
$k^{max} = 3, j^{max} = 6$	0.543179***	0.991541***	0.369856	1.684519
$k^{max} = 3, j^{max} = 7$	0.543166***	0.991541***	0.369856	1.684493
$k^{max} = 3, j^{max} = 8$	0.543164***	0.991541***	0.369856	1.684489
$k^{max} = 4, j^{max} = 3$	0.518365***	1.070958***	0.430209	1.390490
$k^{max} = 4, j^{max} = 4$	0.518380***	1.070940***	0.430209	1.390538
$k^{max} = 4, j^{max} = 5$	0.518374***	1.070944***	0.430209	1.390527
$k^{max} = 4, j^{max} = 6$	0.518375***	1.070943***	0.430209	1.390529
$k^{max} = 4, j^{max} = 7$	0.518377***	1.070943***	0.430209	1.390531
$k^{max} = 4, j^{max} = 8$	0.518376***	1.070941***	0.430209	1.390535
$k^{max} = 5, j^{max} = 5$	0.531876***	1.130056***	0.516421	1.370438
$k^{max} = 6, j^{max} = 6$	0.529490***	1.137702***	0.526777	1.330526

注：＊＊和＊＊＊分别表示在95%和99%的置信水平下显著。

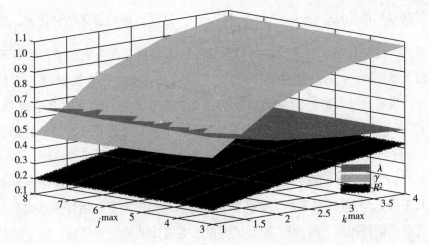

图2-9 λ、γ、R^2 和 k^{max}、j^{max} 之间的关系

总的来说，这一部分的实证表明，一方面，双粘性模型对中国通胀率的拟合较纯粹的粘性信息模型要好很多，但双粘性模型估计出来的信息粘性程度 λ 可能失去了经济学意义，只是计量上的结果。另一方面，通过 γ 与 λ 估值的变化和拟合优度的变化，我们可以推测考虑前瞻性预期的粘性价格模型或混合模型可能更适合中国通胀的实际情况，双粘性模型可能主要体现出粘性价格的成分。

前文已经指出双粘性模型式（2.15）是式（2.14）的变形，是通过递推化简使得 π_t 的表达式包含 $E_t\pi_{t+1}$ 之后而得到的。由于 Kitamura（2008）指出 η_t（由对未来通胀和产出缺口增长率的预期误差之和构成）的均值为零，所以我们估计式（2.15）剔除 η_t 后的式子：

$$\pi_t = \frac{(1-\gamma)(1-\lambda)}{\zeta}\pi_{t-1} + \frac{\gamma^2\lambda\alpha}{\zeta}y_t + \frac{(1-\gamma)}{\zeta}E_t\pi_{t+1}$$

$$+ \frac{\gamma^2\lambda(1-\lambda)}{\zeta}\sum_{j=0}^{\infty}(1-\lambda)^j E_{t-1-j}(\pi_t + \alpha\Delta y_t) \tag{2.25}$$

从式（2.25）我们可以看到，该表达式的右边包含了通胀滞后项、产出缺口项、前瞻性通胀预期项和过去对本期通胀和产出缺口增长率的预期项，而前三个成分则是构成混合 NKPC 的主要部分。

下面我们对式（2.25）进行估计。为使 $\lambda \in [0,1]$，我们参照刘金全和张小宇（2012）的做法，令 $\lambda = \frac{1}{1+\exp(-\theta)}$。这样，可以首先估计出 θ，然后间接得到 λ 的估计值。对式（2.25）的估计结果显示，在不同的 j^{max} 水平下，θ 的估值为 53.24，γ 的估值约为 0.33，可决系数 R^2 有了极大提高，达到了 75.4%，说明式（2.25）对中国通胀的拟合效果非常好。但同时我们也发现，随着 j^{max} 取值的增大，估计结果没有发生变化。如果只考虑式（2.25）的前三个部分，同样估计得出 θ 为 53.24125，γ 为 0.330111，R^2 为 75.4%。可见，式（2.25）在对通胀拟合时，过去各期对当期的预期项不起作用。这是因为 λ 的估值几乎为 1，且是不显著的。这些都表明在双粘性框架下，粘性信息成分对通胀没有起到解释作用，与 SIPC 拟合优度很差的估计结果相互呼应。而 γ 的估值为 0.33，表明我国企业平均每 3 个季度更新一次价格。总的来说，双粘性模型是粘性价格模型与粘性信息模型的综合，它能够同时反映两者的特征。但从 DSPC 的估计结果可以看出，我国的双粘性模型主要体现出粘性价格的成分，而粘性信息成分对通胀几乎没有解释力。

第五节　SIPC、DSPC 与 NKPC、混合 NKPC 的比较

当 DSPC 中 λ 取 1 时，就得到了纯粹的粘性价格模型即 NKPC，其表达式如下：

$$\pi_t = E_t\pi_{t+1} + \frac{\gamma^2\alpha}{1-\gamma}y_t \tag{2.26}$$

式（2.26）与 Mankiw 和 Reis（2002）中的粘性价格模型的形式是一致的。如果再考虑定价过程中存在后顾型厂商，则可以得到混合 NKPC，其表达式如下：

$$\pi_t = \zeta_1 E_t\pi_{t+1} + \zeta_2\pi_{t-1} + \zeta_3 y_t \tag{2.27}$$

式（2.27）直接采用了结构参数的形式，目的是为了简化分析，同时与陈彦斌（2008）的估计结果进行比较。对式（2.26）与式（2.27）的估计结果如表 2－4 和表 2－5 所示，估计区间同样选择为 2002 年第一季度到 2012 年第四季度。

表 2－4　　　　　　　　　　　　NKPC 的估计结果

y 值	标准差	t 值	p 值
0. 330111	0. 147384	2. 239796	0. 0305
可决系数 R^2	0. 753728	AIC 准则	1. 104809
DW 统计量	1. 671638	SC 准则	1. 145767

表 2－4 显示，粘性价格模型 NKPC 对中国通胀的拟合效果很好，其估计结果与双粘性模型的估计结果一致，表明我国双粘性模型的粘性价格本质，而粘性信息成分对通胀几乎没有解释力。

表 2－5 显示的是对混合 NKPC 的估计，从中我们可以看出，各变量系数的估计结果都是显著的。其中，前瞻性通胀预期的系数大于 1，说明前瞻性通胀预

期对通胀的调节能够起到很大的作用。滞后通胀率的系数小于 0，说明我国通胀惯性具有反转性。陈彦斌（2008）指出这一现象与欧美国家的情况不同，但与 Sanchez（2006）发现的日本通胀中存在的通胀惯性是一致的，他还认为这一现象与使用环比通胀率有一定关系。我们认为如果结合对动态通胀目标的分析，则这一现象就更易于理解了。动态通胀目标显示我国宏观经济政策在一定程度上存在逆经济风向的特征，当通货紧缩时，通胀目标有较高的设定，当通货膨胀时，通胀目标则定得较低，这对我国通胀惯性的反转性有一个直观上的解释，也表明我国的宏观经济政策是有效的。

表 2 - 5　　　　　　　　　　　混合 NKPC 的估计结果

解释变量	系数	标准差	t 值	p 值
$E_t\pi_{t+1}$	1.291165	0.109703	11.76960	0.0000
π_{t-1}	-0.212657	0.094706	-2.245452	0.0303
y_t	0.071734	0.037557	1.910007	0.0633
可决系数 R^2	0.790784	AIC 准则		1.034764
DW 统计量	1.004940	SC 准则		1.157639

本节估计结果还显示当期产出缺口的系数是一个相对较小的正数，说明产出缺口对通胀有正向的影响，是通胀的一个驱动因素。这与陈彦斌（2008）得到的当期产出缺口系数不显著是不一致的，本节的实证研究认为产出缺口对通胀的影响是即期的。就拟合效果而言，该模型的可决系数 R^2 达到了79%，比双粘性模型稍小，说明混合 NKPC 能够很好地解释我国的通货膨胀率。

比较 SIPC、DSPC、NKPC 和混合 NKPC，我们发现这四个模型产出缺口的系数都是一个相对较小的正数，一致说明产出缺口对通胀有正向影响。另外，这四个模型从不同角度都强调了通胀预期的重要性，无论是前瞻性通胀预期还是过去对当期通胀的预期，都在一定程度上发挥了作用。但是，我们发现纯粹的粘性信息模型（SIPC）对通货膨胀的解释力严重不足，其拟合结果如图 2 - 10 所示，表现出一定的滞后性与平滑性。从图 2 - 11 和图 2 - 12 中我们可以发现纯粹的粘性价格模型（NKPC）与双粘性模型的拟合效果极为相似，能够很好地捕捉到通货膨胀的波动。而图 2 – 13 显示的混合 NKPC 对我国通胀情况的解释力比双粘性模型稍强一些，其对通胀的拟合效果很好，对通胀波动的捕捉很具体。

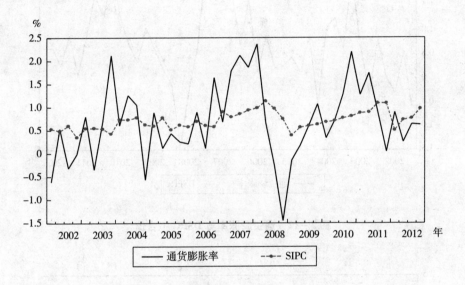

图 2 – 10　通货膨胀率与 SIPC 拟合值

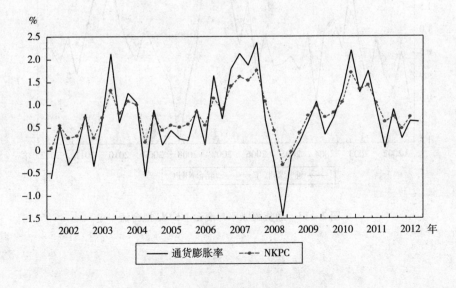

图 2 – 11　通货膨胀率与 NKPC 拟合值

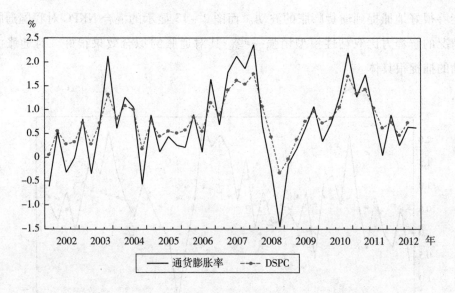

图 2 – 12　通货膨胀率与 DSPC 拟合值

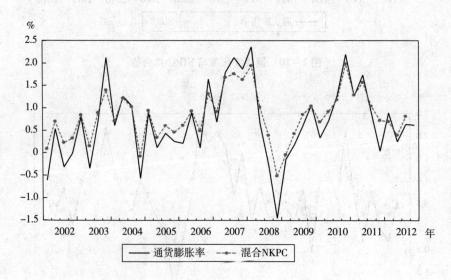

图 2 – 13　通货膨胀率与混合 NKPC 拟合值

第六节　结论及政策建议

Mankiw 和 Reis（2002）提出了 SIPC 以取代 NKPC，Dupor 等（2010）则结合粘性价格与粘性信息的假设，建立了双粘性模型。为研究二者在中国的适应性问题，本章提供了一个用实际数据估计这两个模型的方法。用此方法，本节估计出在粘性信息框架下，我国的信息粘性程度在 25.3% ~ 11.6%，即企业平均每 4 ~ 9 个季度更新一次信息，较美国慢一些，这与我国转型期经济体制有一定关系。此外，本节还估计了价格粘性程度大约为 0.33，表明我国企业平均每 3 个季度更新一次价格。

我们进一步比较了这四个模型。实证结果显示 SIPC 对数据的拟合过于平滑，且较实际通胀有一定的滞后性，使得其对数据的拟合优度很低，对通胀的解释力严重不足。而 NKPC、DSPC 和混合 NKPC 对我国通胀的拟合效果都很好。基于以上分析，本章主要得到以下几点结论和建议：

第一，我国应逐渐减少行政力量对企业的干预，与此同时逐步建立起更加健康的信息传递机制，以此来减少企业间的信息不对称，促进更加公平的竞争。而建立更加健康的信息传递机制要求货币和财政当局增强政策的透明度和可信性，要求在政府和公众之间建立起良好的信息传递桥梁。

第二，无论是 SIPC、DSPC，还是 NKPC、混合 NKPC，都是由通胀预期和产出缺口构成的。四者在通胀预期方面只是强调的侧重点不同，有的是过去对现在的预期，有的是现在对未来的预期，有的则是综合考虑了这两个方面。但是无论基于哪个模型，通胀预期对通胀的影响都是最大的，对通胀的调节起到至关重要的作用。所以要想管理好通胀，首先就要管理好通胀预期。而就产出缺口而言，四个模型的系数都是一个相对较小的正数，说明产出缺口也是我国通胀的一个不可忽视的驱动因素。

第三，双粘性模型是粘性价格模型与粘性信息模型的综合，它能够同时反映出两者的特征。但在对双粘性模型进行实证分析时，我们发现信息粘性程度几乎为 1，使得过去各期对当期的预期项对通胀的解释作用微乎其微，也使其拟合效果与纯粹的粘性价格模型极为相似，表明我国双粘性模型的粘性价格本质。

实证显示，双粘性模型同粘性价格模型一样能够对我国通货膨胀起到很好的解释作用，而混合 NKPC 对我国通胀的解释力则稍强一些。

第四，通过对动态通胀目标的分析，我们可以看出我国宏观经济政策在一定程度上存在逆经济风向的特征，表明我国的货币政策操作目前仍然是以相机抉择为主。而国内外的一些研究表明规则型货币政策操作在抑制经济波动方面效果更好一点（卞志村，2007），这为我国货币政策转型提供了方向。同时，动态通胀目标对解释我国通胀惯性的反转性也有一定作用，表明我国宏观经济政策是有效的。此外，本章还分析了我国长期均衡实际利率，发现其变动往往领先于通货膨胀率、产出缺口等宏观经济变量，这对我国货币政策的制定具有重要参考价值。

第三章

公众学习、信息披露与通胀预期形成

第一节　研究概述

近年来，中央银行的预期引导功能逐渐受到广泛关注，相比传统的实际干预手段，预期引导功能可以在大大降低对实体经济损害的基础上，实现稳定和降低通货膨胀的目标。具体机理是：中央银行通过央行行长、副行长等高层领导在公开场合对未来经济走势的看法作出表态、发布相关宏观经济分析报告等信息披露措施来影响社会公众的通胀预期形成。这一引导功能得以发挥作用的基础在于：中央银行在整个宏观经济运行中具有特殊地位，其对外做出的信息披露将成为公众形成通胀预期所依赖的信息集的重要组成部分，也就是说中央银行可以利用其在经济中的特殊地位通过披露信息来影响社会公众的信息集，从而间接影响公众的通胀预期。本章的主要任务就是在量化央行信息披露、媒体信息披露和通胀预期的基础上，实证分析央行信息披露、媒体信息披露对公众通胀预期的影响。本章首先在考虑各个宏观经济变量对居民通胀预期具有影响的基础上，使用 SVAR 模型实证检验了央行信息披露、实际干预两种政策工具在管理通胀预期时的效果；其次，本章在采用措辞提取法构建我国媒体信息披露指数的基础上，利用 SVAR 模型重点研究媒体信息披露对公众通胀预期形成的影响。

第二节　公众学习、央行信息披露与通胀预期形成

一、研究背景

2009 年 10 月 21 日，国务院召开常务会议，提出把正确处理好保持经济平稳较快发展、调整经济结构和管理好通货膨胀预期的关系作为宏观调控的重点。2010 年 3 月，温家宝总理在《政府工作报告》中再次提出了"管理好通胀预期"的要求。然而，通胀预期是人们的心理活动，具有不易观测性，通胀预期的形成机制也很神秘，所以解决预期的衡量和形成问题是管理好通胀预期的必要前提。正如前美联储主席伯南克在《通货膨胀分析中的突出问题》一文中所言，"大多数经济学家将通货膨胀预期视为理解通货膨胀动态的关键因素，但对通货膨胀预期由什么因素决定和它们如何影响通货膨胀预期，都知之甚少"（闫力等，2010）。因此，本节在考虑各相关宏观经济变量对通胀预期具有影响的背景下，结合央行信息披露和实际干预这两种货币政策工具，对比分析其引导和管理通胀预期的效果，以期从中获得有益的启示。

对于通胀预期的管理而言，使用传统货币政策工具的作用是不言而喻的。我国当前的货币政策操作采取的是货币数量调控为主、利率调控为辅的方式。央行适时对准备金和利率进行调整（具体操作见表 3 - 1 和表 3 - 2），冻结银行体系的部分流动性，控制货币数量的增长速度，进而稳定经济主体的通胀预期。从我国通胀预期管理的实践来看，法定准备金调节经常被使用。2011 年 6 月 20 日，中国人民银行上调存款类金融机构人民币存款准备金率 0.5 个百分点，大型金融机构存款准备金率达到 21.5% 的历史高位，目的就是控制通胀和通胀预期。随后，为防止国际经济可能出现的衰退对国内的不利影响，出于稳增长、防止国内经济下滑的目的，央行又于 2011 年 12 月 5 日、2012 年 2 月 24 日、2012 年 5 月 18 日，三次分别下调存款类金融机构人民币存款准备金率 0.5 个百

分点。在通货膨胀和通胀预期严重时，央行多采取加息政策，防止经济过热催生经济泡沫。例如，一年期基准存款利率从 2007 年 3 月 18 日的 2.79% 一直上升到 2007 年 12 月 21 日的 4.14%，就是为了应对这一情况。近年来，人们对利率工具进行了新的改进，利率平滑机制已成为西方发达国家央行货币政策的主流操作模式，其含义为央行在同一方向上连续微幅渐进调整市场基准利率，给市场传达明确的政策信号，引导市场自动进行调整。利率平滑机制较好地表现出了利率调整的规则性、方向性和连续性，可以使基准利率的未来变化更具有可测性，有利于市场形成一致预期（徐亚平，2009）。此外，直接确定、调节名义利率可能不够准确和科学。因为我国货币政策是以名义利率扣除公众中长期通胀预期后的实际利率稳定为目标，以控制通胀预期，促进经济平稳发展（姚余栋和谭海鸥，2011）。所以，央行要合理运用利率等价格调控手段，调节资金需求和投资储蓄行为，管理通胀预期。[①]

表 3 - 1　　　　　　　　　中国人民银行存款准备金率调整一览表

次数	时间	调整前（%）	调整后（%）	调整幅度（百分点）
1	1984 年	央行按存款种类规定法定存款准备金率，企业存款 20%，农村存款 25%，储蓄存款 40%		
2	1985 年	央行将法定存款准备金率统一调整为 10%		
3	1987 年	10.00	12.00	2.0
4	1988 年 9 月 1 日	12.00	13.00	1.0
5	1998 年 3 月 21 日	13.00	8.00	-5.0
6	1999 年 11 月 21 日	8.00	6.00	-2.0
7	2003 年 9 月 21 日	6.00	7.00	1.0
8	2004 年 4 月 25 日	7.00	7.50	0.5
9	2006 年 7 月 5 日	7.50	8.00	0.5
10	2006 年 8 月 15 日	8.00	8.50	0.5
11	2006 年 11 月 15 日	8.50	9.00	0.5
12	2007 年 1 月 15 日	9.00	9.50	0.5
13	2007 年 2 月 25 日	9.50	10.00	0.5

---

① 见《2011 年第二季度货币政策执行报告》。

续表

次数	时间	调整前（%）	调整后（%）	调整幅度（百分点）
14	2007 年 4 月 16 日	10.00	10.50	0.5
15	2007 年 5 月 15 日	10.50	11.00	0.5
16	2007 年 6 月 5 日	11.00	11.50	0.5
17	2007 年 8 月 15 日	11.50	12.00	0.5
18	2007 年 9 月 25 日	12.00	12.50	0.5
19	2007 年 10 月 25 日	12.50	13.00	0.5
20	2007 年 11 月 26 日	13.00	13.50	0.5
21	2007 年 12 月 25 日	13.50	14.50	1.0
22	2008 年 1 月 25 日	14.50	15.00	0.5
23	2008 年 3 月 18 日	15	15.50	0.5
24	2008 年 4 月 25 日	15.50	16.00	0.5
25	2008 年 5 月 20 日	16	16.50	0.5
26	2008 年 6 月 7 日	16.50	17.50	1
27	2008 年 9 月 25 日	（大型金融机构）17.50	17.50	—
		（中小金融机构）17.50	16.50	−1
28	2008 年 10 月 15 日	（大型金融机构）17.50	17.00	−0.5
		（中小金融机构）16.50	16.00	−0.5
29	2008 年 12 月 5 日	（大型金融机构）17.00	16.00	−1
		（中小金融机构）16.00	14.00	−2
30	2008 年 12 月 25 日	（大型金融机构）16.00	15.50	−0.5
		（中小金融机构）14.00	13.50	−0.5
31	2010 年 1 月 18 日	（大型金融机构）15.50	16.00	0.5
		（中小金融机构）13.50	不调整	—
32	2010 年 2 月 25 日	（大型金融机构）16.00	16.50	0.5
		（中小金融机构）13.50	不调整	—
33	2010 年 5 月 10 日	（大型金融机构）16.50	17.00	0.5
		（中小金融机构）13.50	不调整	—
34	2010 年 11 月 16 日	（大型金融机构）17.00%	17.50	0.5
		（中小金融机构）13.50	14.00	0.5
35	2010 年 11 月 29 日	（大型金融机构）17.50	18.00	0.5
		（中小金融机构）14.00	14.50	0.5

续表

次数	时间	调整前（%）	调整后（%）	调整幅度（百分点）
36	2010 年 12 月 20 日	（大型金融机构）18.00	18.50	0.5
		（中小金融机构）14.50	15.00	0.5
37	2011 年 1 月 20 日	（大型金融机构）18.50	19.00	0.5
		（中小金融机构）15.00	15.50	0.5
38	2011 年 2 月 24 日	（大型金融机构）19.00	19.50	0.5
		（中小金融机构）15.50	16.00	0.5
39	2011 年 3 月 25 日	（大型金融机构）19.50	20.00	0.5
		（中小金融机构）16.00	16.50	0.5
40	2011 年 4 月 21 日	（大型金融机构）20.00	20.50	0.5
		（中小金融机构）16.50	17.00	0.5
41	2011 年 5 月 18 日	（大型金融机构）20.50	21.00	0.5
		（中小金融机构）17.00	17.50	0.5
42	2011 年 6 月 20 日	（大型金融机构）21.00	21.50	0.5
		（中小金融机构）17.50	18.00	0.5
43	2011 年 12 月 5 日	（大型金融机构）21.50	21.00	− 0.5
		（中小金融机构）18.00	17.50	− 0.5
44	2012 年 2 月 24 日	（大型金融机构）21.00	20.50	− 0.5
		（中小金融机构）17.50	17.00	− 0.5
45	2012 年 5 月 18 日	（大型金融机构）20.50	20.00	− 0.5
		（中小金融机构）17.00	16.50	− 0.5
46	2014 年 4 月 25 日	下调县域农村商业银行人民币存款准备金率 2 个百分点，下调县域农村合作银行人民币存款准备金率 0.5 个百分点。调整后县域农商行、农合行分别执行 16% 和 14% 的准备金率，其中一定比例存款投放当地，考核达标的县域农商行、农合行分别执行 15% 和 13% 的准备金率。		
47	2014 年 6 月 16 日	对符合审慎经营要求且"三农"和小微企业贷款达到一定比例的商业银行（不含 2014 年 4 月 25 日已下调过准备金率的机构）下调人民币存款准备金率 0.5 个百分点。下调后的存款准备金率为 20%。此外，为鼓励财务公司、金融租赁公司和汽车金融公司发挥好提高企业资金运用效率及扩大消费等作用，下调其人民币存款准备金率 0.5 个百分点。		

对表 3-2 中五次关键节点调整的说明：（1）从 2004 年 10 月 29 日起上调金融机构存贷款基准利率并放宽人民币贷款利率浮动区间和允许人民币存款利率下浮以推进利率市场化。金融机构（不含城乡信用社）的贷款利率原则上不再设定上限，贷款利率下浮幅度不变，贷款利率下限仍为基准利率的 0.9 倍。对金融竞争环境尚不完善的城乡信用社贷款利率仍实行上限管理，最高上浮系数为贷款基准利率的 2.3 倍，贷款利率下浮幅度不变。推进商业性个人住房贷款利率市场化。（2）自 2006 年 8 月 19 日起商业性个人住房贷款利率的下限由贷款基准利率的 0.9 倍扩大为 0.85 倍，其他商业性贷款利率下限保持 0.9 倍不变。（3）自 2012 年 6 月 8 日起将金融机构存款利率浮动区间的上限调整为基准利率的 1.1 倍；将金融机构贷款利率浮动区间的下限调整为基准利率的 0.8 倍。（4）自 2012 年 7 月 6 日起将金融机构贷款利率浮动区间的下限调整为基准利率的 0.7 倍。个人住房贷款利率浮动区间不作调整，金融机构要继续严格执行差别化的各项住房信贷政策，继续抑制投机投资性购房。（5）为进一步推进利率市场化改革，自 2013 年 7 月 20 日起全面放开金融机构贷款利率管制。取消金融机构贷款利率 0.7 倍的下限，由金融机构根据商业原则自主确定贷款利率水平。个人住房贷款利率浮动区间不作调整，仍保持原区间不变，继续严格执行差别化的住房信贷政策。取消票据贴现利率管制，改变贴现利率在再贴现利率基础上加点确定的方式，由金融机构自主确定。取消农村信用社贷款利率 2.3 倍的上限，由农村信用社根据商业原则自主确定对客户的贷款利率。

表 3-2　　　　　　　　　　中国人民银行利率调整一览表

调整时间	活期存款利率（%）	活存调整幅度（百分点）	一年期存款基准利率（%）	一年期定存调整幅度（百分点）	一年期贷款基准利率（%）	一年期贷款调整幅度（百分点）
1990 年 4 月 15 日	2.88		10.08		10.08	
1990 年 8 月 21 日	2.16	-0.72	8.64	-1.44	10.08	0.00
1991 年 4 月 21 日	1.80	-0.36	7.56	-1.08	8.64	-1.44
1993 年 5 月 15 日	2.16	0.36	9.18	1.62	9.36	0.72
1993 年 7 月 11 日	3.15	0.99	10.98	1.80	10.08	0.72
1995 年 1 月 1 日	3.15	0.00	10.98	0.00	10.98	0.90

续表

调整时间	活期存款利率（%）	活存调整幅度（百分点）	一年期存款基准利率（%）	一年期定存调整幅度（百分点）	一年期贷款基准利率（%）	一年期贷款调整幅度（百分点）
1995 年 7 月 1 日	3.15	0.00	10.98	0.00	12.06	1.08
1996 年 5 月 1 日	2.97	−0.18	9.18	−1.80	10.08	−1.98
1996 年 8 月 23 日	1.98	−0.99	7.47	−1.71	10.08	0.00
1997 年 10 月 23 日	1.71	−0.27	5.67	−1.80	8.64	−1.44
1998 年 3 月 25 日	1.71	0.00	5.22	−0.45	7.92	−0.72
1998 年 7 月 1 日	1.44	−0.27	4.77	−0.45	6.93	−0.99
1998 年 12 月 7 日	1.44	0.00	3.78	−0.99	6.39	−0.54
1999 年 6 月 10 日	0.99	−0.45	2.25	−1.53	5.85	−0.54
2002 年 2 月 21 日	0.72	−0.27	1.98	−0.27	5.31	−0.54
2004 年 10 月 29 日	0.72	0.00	2.25	0.27	5.58	0.27
2006 年 4 月 28 日	0.72	0.00	2.25	0.00	5.85	0.27
2006 年 8 月 19 日	0.72	0.00	2.52	0.27	6.12	0.27
2007 年 3 月 18 日	0.72	0.00	2.79	0.27	6.39	0.27
2007 年 5 月 19 日	0.72	0.00	3.06	0.27	6.57	0.18
2007 年 7 月 21 日	0.81	0.09	3.33	0.27	6.84	0.27
2007 年 8 月 22 日	0.81	0.00	3.60	0.27	7.02	0.18
2007 年 9 月 15 日	0.81	0.00	3.87	0.27	7.29	0.27
2007 年 12 月 21 日	0.72	−0.09	4.14	0.27	7.47	0.18
2008 年 9 月 16 日	0.72	0.00	4.14	0.00	7.20	−0.27
2008 年 10 月 09 日	0.72	0.00	3.87	−0.27	6.93	−0.27
2008 年 10 月 30 日	0.72	0.00	3.60	−0.27	6.66	−0.27
2008 年 11 月 27 日	0.36	−0.36	2.52	−1.08	5.58	−1.08
2008 年 12 月 23 日	0.36	0.00	2.25	−0.27	5.31	−0.27
2010 年 10 月 20 日	0.36	0.00	2.50	0.25	5.56	0.25
2010 年 12 月 26 日	0.36	0.00	2.75	0.25	5.81	0.25
2011 年 2 月 09 日	0.40	0.04	3.00	0.25	6.06	0.25
2011 年 4 月 06 日	0.50	0.10	3.25	0.25	6.31	0.25
2011 年 7 月 7 日	0.50	0.00	3.50	0.25	6.56	0.25
2012 年 6 月 8 日	0.40	−0.10	3.25	−0.25	6.31	−0.25
2012 年 7 月 6 日	0.35	−0.05	3.00	−0.25	6.00	−0.31
2013 年 7 月 20 日	0.35	0.00	3.00	0.00	6.00	0.00

但是，仅仅使用传统货币政策工具是不够的，因为传统货币政策在传导过程中可能会有较长的时滞。弗里德曼经过大量的实证研究认为，从货币增长率的变化到名义收入的变化需要6~9个月的时间，对物价产生影响要在此后6~9个月，而索洛和托宾等人认为时滞有6~10个月（伍海华，2002）。国内关于货币政策时滞的文献也是汗牛充栋，这里就不一一列举了。总之，由于传统的货币政策调控工具（利率、准备金）对经济变量的影响难以立竿见影，因此需要探寻时滞更短的工具搭配使用。另外，我国央行通过实际干预影响通胀预期的理论路径是：提高利率/准备金→紧缩货币量→降低通胀和通胀预期。但在开放经济背景下，单纯的加息政策可能会引起国际热钱的套利行为，而银行的超额准备金有可能削弱法定准备金的调节效果。因此，央行通过实际干预控制通胀预期的效果可能受到限制。近年来，各国央行普遍意识到央行信息披露亦即央行沟通日益成为一种新的货币政策调控工具（李云峰，2011；李相栋，2011）。中央银行借助信息披露可以消减经济主体所面临的不确定性，减少通胀预期以及实际通胀的波动（谢杰斌，2009）。西方发达国家使用货币政策公告操作，通过媒体或其他正式渠道向公众传达政策意图，修正经济主体的预期、影响经济主体的决策，取得了良好的货币政策调控效果。那么，就我国当前的经济金融环境而言，管理、引导通胀预期到底是继续采用传统的实际干预工具（存款准备金率调节、利率调节等）为主，还是将央行信息披露工具作为管理预期的工作重点，抑或将两者有机结合起来？本节将进行探索性的研究。

二、文献综述

中央银行信息披露是指中央银行向公众披露货币政策目标、货币政策策略、经济前景及未来货币政策意向等相关信息的过程（Blinder et al. , 2008）。它起因于货币政策制定部门与私人部门或公众之间存在着信息不对称，影响着公众通胀预期的形成和货币政策的执行效果。目前，国外已有诸多学者实证研究了央行信息披露对通胀预期的影响，大多数研究结果均显示信息披露工具可以作为通胀预期管理的有效手段。Kutter 和 Posen（1999）使用面板数据方法研究了新西兰、英国、加拿大等采用通货膨胀目标制国家的中央银行信息披露程度与通货膨胀预期的关系，发现这些国家央行的信息披露工具都能够比较有效地引导公众通胀预期。类似地，Ullrich（2008）运用时间序列分析方法研究了欧洲央行信息披露对公众通货膨胀预期的影响，认为央行信息披露因素能够解释预期的形成。Lange 等（2003）研究发现自 20 世纪 80 年代末以来，金融市场能够更好地预测到 FOMC（联邦公开市场委员会）的货币政策变动及通胀走势，究其原因，除了利率变动的渐进特性外，美联储的信息披露也是极为重要的因素。也有学者将央行信息披露工具与传统的实际干预工具进行对比研究，发现信息披露工具在引导公众预期时具有优势。如 Kliesen 和 Schmid（2004）研究了美联储信息披露对主要宏观经济变量（包括公众预期）的冲击，结果发现虽然比预期更紧（更松）的货币政策出台会降低（抬升）居民的通胀预期，但是出乎意料的实际政策干预也会增加预期的不确定性，容易引起经济波动，而增加央行信息披露可以减小预期的不确定性。就这一点而言，央行信息披露工具的重要性不亚于传统货币政策工具。

从央行信息披露的内容来看，除了以上文献所述的央行通过预测当前及未来通胀水平以直接影响公众的通胀预期外，还可以直接向公众披露央行的货币政策规则函数，通过"授之以渔"的方式达到更好地稳定通胀预期的效果。这个领域的研究见于 Eusepi（2005），他发现中央银行公布其货币政策规则（货币政策反应函数）有助于改进经济主体对于经济运行的理解，稳定居民的通胀预期，保持整体经济的稳定运行，进而带来社会福利增进。相反，如果信息披露程度较低，经济主体的预期容易产生波动，宏观经济可能卷入由预期驱动的周期波动。随后，Eusepi（2008）将他的研究扩展到一个简单非线性经济系统，发现在非线性系统中，央行信息披露更为重要，央行缺乏信息披露可能导致经济陷入"经济萧条且通货紧缩"与"经济过热且通货膨胀"交替出现的"学习均衡困境"当中，而充分的央行信息披露可使经济紧密围绕在理性均衡附近。许多西方国家采用的通胀目标制可以通过央行信息披露的方式将央行的信念传递给公众，以稳定公众预期。研究通胀目标制对预期锚定的文献还有 Demertzis 和 Hoeberichts（2007）的研究，他们发现央行所披露并设定的通货膨胀目标作为一个名义锚，可以协调经济主体行为。只要经济系统的外生冲击不是太大或其他公共信息的精确度不高，都可以锚定通货膨胀预期。例如，澳大利亚、加拿大、新西兰和瑞典等国披露通货膨胀目标后，其通胀预期水平降低（Johnson,

2003），说明央行披露的通胀目标作为公众的"聚点"，可以使经济主体之间的信息结构更趋向于"信息同质"状态，进而协调经济主体预期。除了通胀目标制规则，央行披露出的泰勒规则对通胀预期也有很好的引导效果。Poole 和 Rasche（2003）的研究发现，自从美联储 1994 年 2 月开始即时公布联邦基金利率目标后，经济主体的预期被央行更好地引导和管理，金融市场行为与 FOMC 的意图能更好地协调同步。

相对国外研究央行信息披露对通胀预期影响的大量文献，国内有关这方面的研究起步较晚，数量也不多。首先，是对于央行信息披露工具能否作用于通胀预期的研究。李相栋（2011）从中央银行管理预期的角度深入论证了央行信息披露的作用机制和披露兴起的内在原因，研究发现央行信息披露可以通过影响预期的方式调控经济。其次，已有的文献大多对央行信息披露在管理通胀预期时的作用持肯定态度。彭芸（2011）认为，成功的央行信息披露对于有效引导市场预期、促进币值稳定和金融稳定富有积极的意义。冀志斌和周先平（2011）认为，央行信息披露可以作为我国货币政策的一种新工具，与传统工具的配合使用有利于提高货币政策的有效性。此外，国内也出现了相关的实证文献。李云峰（2012）采用 2003—2009 年的月度数据，利用 SVAR 模型对中央银行信息披露及实际干预在稳定通胀中的作用进行了实证研究，发现正的央行信息披露（声明未来将执行偏紧货币政策的消息）能有效降低通胀预期及实际通胀；而正的实际干预在短期内反而会抬升通胀预期和实际通胀。李云峰和李仲飞（2010）在现有文献研究的基础上，对美联储、英格兰银行和欧洲中央银行的信息披露内容、披露方式、披露时机和披露效果四个方面进行了比较分析，结果表明，尽管各国中央银行披露策略不一样，但都取得了很好的沟通效果。当然，也有部分学者认为我国央行信息披露在引导、管理通胀预期的效果方面可能存在一定的不足。虽然央行信息披露工具能够比较有效地引导公众预期，但央行的信息披露对公众通货膨胀预期及通货膨胀预期偏差的影响存在着一定的滞后（肖曼君和周平，2009）。陆蓓和胡海鸥（2009）针对中国人民银行信息沟通引导市场预期作用有限的现象，构建博弈模型，分析中央银行信息沟通的精确度和市场反应的特征及其相互关系，其研究表明，货币政策可信度越高，货币政策效果越好。而当央行信息披露精度不高，抑或公众对央行的信任度较低时，央行信息披露的通胀预期管理效果欠佳。

综合国外和国内的相关文献来看，多数文献的研究结果表明央行信息披露在引导、管理公众通胀预期方面是有积极效果的，与央行实际干预工具相比可能存在一定的优势。但由于央行信息披露的度量方式各不相同，有关央行信息披露有效性的实证结果亦不尽相同。

本节接下来的内容结构安排如下：第三部分主要是央行信息披露对通胀预期影响的理论分析；第四部分主要是对通胀预期和央行信息披露分别使用 C－P 概率转换法和措辞提取法进行量化分析；第五部分主要在 SVAR 模型框架下研究央行信息披露、实际干预与其他各个宏观经济变量对通胀预期的影响。

三、央行信息披露对通胀预期影响的理论分析

Morris 和 Shin（2002）借用凯恩斯的选美竞赛思想，深入研究了央行信息披露对经济人行为的引导作用。他们发现当央行信息披露这一公共信息不是很精确，而公众的个人信息较为精确时①，由于公共信息的"共性知识"特性，提高公共信息精准度不利于正确有效地引导居民预期，反而会使经济主体反应过度，造成福利损失；当公共信息较个人信息更准确时，进一步提高公共信息精准度更能使公众行动所参照的"聚焦点"得以明确，这样就有利于将公众预期往正确的方向上引导。

本节认为央行信息披露的有效性不仅取决于某一期央行信息披露的精准度，而且取决于历史各期披露的精准度及其形成的对信息披露的信任程度。比如，央行在信息披露中表达出了低通胀的偏好，但在随后的行动中未加以贯彻落实，抑或央行总是喜欢不符合实际地"轻描淡写"通胀波动的实际情况。当这些行为屡次发生时，公众会逐渐丧失对央行信息披露内容的信任程度。公众形成思维定势之后，即使央行发布精准度较高的公共信息，公众也不会相信并采纳。届时，央行的信息披露对公众预期的引导将趋于无效。

Morris 和 Shin（2002）的 M－S 模型假设行为人具有不同的个人信息，对有

---

①　这里的个人信息是指市场参与者拥有的具有独占性质的市场知识，与央行存在隐瞒真实信息行为的"私人信息"相区别。

关经济基本面的看法不同，同时他们均可以观察到一个相同的噪声信号（即公共信息），这样每个行为人就会根据公共信息和个人信息作出通胀预期。我们基于 M－S 模型，添加了一个公众对央行信息披露的信任度函数，用以衡量央行信息披露对经济主体具体行为的影响程度。一般而言，央行信息披露的精度越高（包括央行对客观经济情况的认知精确、信息披露时不存在央行私人信息等），公众对信息披露越信任，信息披露的引导作用越明显。这样每个行为人就会根据公共信息、个人信息以及对信息披露的可信度作出通胀预期。我们假设经济主体均匀分布在 [0，1] 之间，经济主体 i 选择一个具体行为 $a_i \in R$，用 a 代表所有参与者的行动，则参与者 i 的效用函数为

$$u_i(a, \theta) = -(1-r)(a_i - \theta)^2 - r(L_i - \bar{L}) \tag{3.1}$$

式（3.1）中，θ 为经济的基本状态参数；r 为外部性对效用影响的权重，$0 \leqslant r \leqslant 1, L_i = \int_0^1 (a_j - a_i)^2 \mathrm{d}j, \bar{L} = \int_0^1 L_j \mathrm{d}j$。这个效用函数由两部分构成，第一部分度量由经济主体行为 a_i 与经济基本状态 θ 之间差异所引起的福利损失；而第二部分则是度量由经济主体行为 a_i 与所有参与者平均行为 $\bar{a}$ 之间差异所引起的福利损失，即参与者都有着一种试图推测其他个体的行动并尽量与大众保持一致的动机，经济主体 i 越不合群，其所遭受的这项福利损失越大。因此，r 度量的即是这种协调群体行为、追随大众风潮的从众动机，r 越大表明经济个体越看重与大众协调一致，r 越小则表明经济个体更为看重与经济基本面保持一致（谢杰斌，2009）。整个社会福利函数定义为个人效用的平均值，因此有（经标准化处理）

$$W(a, \theta) = \frac{1}{1-r} \int_0^1 u_i(a, \theta) \mathrm{d}i = -\int_0^1 (a_i - \theta)^2 \mathrm{d}i \tag{3.2}$$

从式（3.2）可以发现，经济个体试图推测其他个体行为的举动不会引起社会福利的变化，决定社会福利的只是个体行动与经济基本状态的逼近程度。根据上述社会福利函数，只有所有经济主体 i 都选择行为 $a_i = \theta$ 时才会实现社会最优。但从经济主体 i 自身来看，其最优行为由下式决定：

$$a_i = (1-r)E_i(\theta) + rE_i(\bar{a}) \tag{3.3}$$

式（3.3）由式（3.1）求一阶导数所得，其中 $\bar{a}$ 为所有经济主体的平均

行动，即 $\bar{a} = \int_0^1 a_j dj$，$E_i(\cdot)$ 为经济主体 i 根据其信息集所得出的期望。显然，当基本状态 θ 的取值是确定时，个人均衡行为与社会最优行为并不冲突；而当 θ 的取值不确定时，两者一般来讲并不相等，个人的理性行动最终将导致社会福利损失（谢杰斌，2009）。中央银行沟通通过作用于经济主体的信息结构而影响到经济主体行为。具体来说，中央银行与经济主体进行沟通时，经济主体面临着两种信息：一是公共信息 y。与 Morris 和 Shin（2002）以及陆蓓和胡海鸥（2009）不同的是，本节认为公共信息为：$y = \theta + \eta$，$\eta = \eta_1 + \eta_2$，其中 $\eta_1 \sim N(0, \sigma_{\eta_1}^2)$ 表示由于央行自身认识能力不足造成的对经济基本面的理解偏差，$\eta_2 \sim N(0, \sigma_{\eta_2}^2)$ 表示央行对通胀"轻描淡写"的偏好而向行为人隐瞒的私人信息，记 $\sigma_\eta^2 = \sigma_{\eta_1}^2 + \sigma_{\eta_2}^2$，则 $\eta \sim N(0, \sigma_\eta^2)$，$\alpha = 1/\sigma_\eta^2$。二是个人信息 x_i。$x_i = \theta + \varepsilon_i$，$\varepsilon_i = N(0, \sigma_\varepsilon^2)$，$\beta = 1/\sigma_\varepsilon^2$。$\alpha$ 和 β 分别表示公共信息和个人信息的精准度。对于接受公共信息 y 且拥有个人信息 x_i 的行为人而言，经济状态的预期值为 $E(\theta \mid y, x_i) = \dfrac{\beta x_i + \alpha y}{\alpha + \beta}$，预期其他行为人的信号为 $E(x_j \mid y, x_i) = E(\theta \mid y, x_i) = \dfrac{\beta x_i + \alpha y}{\alpha + \beta}$。公众和央行的博弈过程分为两步：一是央行先确定公共信息的精确度，以获取社会福利最大化；二是行为人根据个人信息、观察到的公共信息以及央行信息披露信任度进行决策，以获取个人效用最大化。

基于上述分析，可以进一步求得均衡解。一个简单的方法是假设决策行动是基于公共信息和个人信息的线性函数，并且线性均衡解是唯一均衡解。假设行为人的决策函数是

$$a_j = \kappa x_j + (1 - \kappa) f(\sigma_\eta^2) y \qquad (3.4)$$

式（3.4）中，κ 为常数，σ_η^2 是公共信息的不精确程度，央行信息披露信任度 $f(\sigma_\eta^2)$ 是披露误差 $\sigma_{t,\eta}^2$ 的单调递减函数，定义 $0 \leqslant f(\sigma_\eta^2) \leqslant 1$。M – S 模型描述的是未加 $f(\sigma_\eta^2)$ 项的情况，而本节考虑了央行信息披露不完全被公众所信任的情况。全体行为人平均行动的条件均值为

$$E_i(\bar{a} \mid x_i, f(\sigma_\eta^2) y) = \kappa E(x_j \mid x_i, f(\sigma_\eta^2) y) + (1 - \kappa) f(\sigma_\eta^2) y$$

$$= (1 - \kappa) f(\sigma_\eta^2) y + \kappa \frac{\beta x_i + \alpha f(\sigma_\eta^2) y}{\alpha + \beta} \qquad (3.5)$$

将式（3.5）代入式（3.3），行为人 i 的最优决策行动为

$$a_i = \frac{\beta[1 - r(1 - \kappa)]}{\alpha + \beta}x_i + \frac{\alpha + \beta r(1 - \kappa)}{\alpha + \beta}f(\sigma_\eta^2)y \qquad (3.6)$$

比较式（3.4）和式（3.6）的系数，可得 $\kappa = \dfrac{\beta(1 - r)}{\alpha + \beta(1 - r)}$，因此：

$$a_i = \frac{\beta(1 - r)}{\alpha + \beta(1 - r)}x_i + \frac{\alpha}{\alpha + \beta(1 - r)}f(\sigma_\eta^2)y \qquad (3.7)$$

从式（3.7）可以看出，当 $\alpha \to 0$，$f(\sigma_\eta^2) \to 0$ 或者 $\beta \to \infty$ 时，$a_i = x_i$，表明当央行信息披露极不精确、披露可信度极差或个人信息非常精确时，央行信息披露丧失预期引导功能且被忽略；当 $\alpha \to \infty$，$f(\sigma_\eta^2) \to 1$ 并且 $\beta \to 0$ 时，$a_i = y$，表明当央行信息披露非常精确且披露可信度很高、个人信息非常不精确时，那些接受央行信息披露的行为人将不考虑个人信息，亦即公众会听信央行的信息披露，中央银行可以通过信息披露工具实现对居民通胀预期的引导和管理。

四、通胀预期和央行信息披露的量化

（一）通胀预期的量化

中国人民银行为了准确把握居民通胀预期变动，以此调控宏观经济金融运行，从 1995 年开始，每年的 2 月、5 月、8 月和 11 月进行《城镇储户问卷调查》。该调查在全国 58 个（大、中、小）调查城市中选定 464 个储蓄网点，在每个调查网点随机抽取 50 名储户作为调查对象。自 2009 年开始，调查城市数量改为 50 个，储蓄网点数量改为 400 个。《城镇储户问卷调查》中关于物价预期的问题为"您对近期市场物价趋势的看法"（1995—1999 年）和"您预计未来 3 个月物价水平将比现在"（2000 年以来），候选回答分别为"会迅速上升；会基本稳定；会略有下降"和"上升；基本不变；下降"。2009 年第二季度以前，央行把认为未来物价会迅速上升的人数比例减认为物价会下降的人数比例作为未来物价预期指数。由于这种方法忽略了"基本不变"的人数比例，因此从 2009 年第三季度开始，央行调整了未来物价预期指数的构建方法，通过分别赋予"上升""基本不变"和"下降"选项"1""0.5"和"0"三种权数，将加权求和的结果作为未来物价预期指数。

通过上述调查方法，可以得到关于通胀预期的趋势化数据。但由于这一调查属于定性调查，居民只被问及预期通胀率的"上升""持平"和"下降"，而没有被问及具体预期通胀率的数值大小，因此要通过一定的数学方法将定性数据转为定量数据，以便进行深入分析和研究。本部分参考 Carlson 和 Pakin（1975）的概率法对居民预期通货膨胀率进行定量估计。这种方法有如下假定：（1）被调查者的预期通胀率服从某种概率分布，并且这种分布会决定其问卷作答；（2）如果被调查者的预期通胀率在以 0 为中心的区间 $(-a,a]$ 内，他将选择回答"基本不变"，这个区间称为"敏感性区间"。

我们设 $t-1$ 期诸多被调查者对 t 期的预期通胀率为一个随机变量 x_t^e，设 x_t^e 的概率密度函数是 $f_t(x)$，最终形成的预期通胀率 π_t^e 是该分布的期望值，亦即 $\pi_t^e = E(x_t^e)$。则 x_t^e 大于 a_t 的概率是"认为 t 期物价上升"人数的比例 R_t；x_t^e 小于 $-a_t$ 的概率是"认为 t 期物价下降"的人数比例 F_t；x_t^e 在区间 $(-a_t, a_t]$ 之间的概率是"认为 t 期物价基本不变"的人数比例 N_t，即

$$P(x_t^e > a_t) = R_t \tag{3.8}$$

$$P(x_t^e \leqslant -a_t) = F_t \tag{3.9}$$

$$P(-a_t < x_t^e \leqslant a_t) = N_t \tag{3.10}$$

我们假设预期通胀率服从正态分布，均值则为 π_t^e，式（3.8）、式（3.9）可改写为

$$P\left(\frac{x_t^e - \pi_t^e}{\sigma_t^e} > \frac{a_t - \pi_t^e}{\sigma_t^e}\right) = P\left(Z_t > \frac{a_t - \pi_t^e}{\sigma_t^e}\right) = R_t \tag{3.11}$$

$$P\left(\frac{x_t^e - \pi_t^e}{\sigma_t^e} \leqslant \frac{-a_t - \pi_t^e}{\sigma_t^e}\right) = P\left(Z_t \leqslant \frac{-a_t - \pi_t^e}{\sigma_t^e}\right) = F_t \tag{3.12}$$

其中，σ_t^e 为 x_t^e 的方差，$Z_t = \dfrac{x_t^e - \pi_t^e}{\sigma_t^e}$ 是标准正态分布的随机变量。设 $\Phi(\cdot)$ 是标准正态分布的累积分布函数，令 $z_1(t) = \Phi^{-1}(F_t)$，$z_2(t) = \Phi^{-1}(1-R_t)$，则 $\dfrac{-a_t - \pi_t^e}{\sigma_t^e} = z_1(t)$，$\dfrac{a_t - \pi_t^e}{\sigma_t^e} = z_2(t)$。可解得

$$\pi_t^e = \frac{a_t[z_1(t) + z_2(t)]}{z_1(t) - z_2(t)} \tag{3.13}$$

为了得到具体数值，Carlson 和 Pakin（1975）进一步假定 $[-a_t, a_t]$ 不随时间变化，亦即 $[-a_t, a_t] = [-a, a]$，且在样本期内，通胀率的平均值与预期通胀率的平均值相等，$\frac{1}{T}\sum_{t=1}^{T}\pi_t = \frac{1}{T}\sum_{t=1}^{T}\pi_t^e$，即公众在预期通胀时不会犯系统性错误。由式（3.13）可得：$\sum_{t=1}^{T}[z_1(t) + z_2(t)]a_t = \sum_{t=1}^{T}\pi_t^e[z_1(t) - z_2(t)]$，进而解得

$$a \equiv a_t = \frac{\sum_{t=1}^{T}\pi_t}{\sum_{t=1}^{T}\frac{z_1(t) + z_2(t)}{z_1(t) - z_2(t)}}，代入式（3.13），即可得出预期通胀率序列。$$

按照上述估计方法，利用我国央行各期《全国城镇储户问卷调查综述》中的数据，可计算出我国城镇居民的预期通胀率。本节搜集并整理了 2001 年第二季度（2001 年 3 月至 2001 年 5 月）至 2012 年第一季度（2011 年 12 月至 2012 年 2 月）的预期未来 3 个月内物价上涨和下降的人数比例数据，并对缺失数据进行了插补[1]。通过正态分布假设下的 C-P 概率转换法进行数据处理后，可计算出通胀预期率序列，将其与实际通胀率序列进行 X12 加法季节调整后作图，如图 3-1 所示[2]。

由图 3-1 可以看出，预期通胀率与实际通胀率的总体走势基本吻合，但预期通胀率的变化幅度小于实际通胀率的变化幅度。从 2001 年第二季度开始一直到 2003 年第三季度，预期通胀率保持较低水平的稳定态势，实际通胀率围绕预期通胀率水平在小范围内上下波动。但到了 2003 年第四季度，实际通胀率出现突然上升，这种意料之外的变化显然未能被公众预知，但公众很快调整了预期，在 2004 年第一季度实际通胀率回落之时，通胀预期上升并超过了实际通胀率；随后在 2004 年第二季度实际通胀率回升之时，通胀预期受前一期高估实际通胀

---

① 数据来自于央行各季度发布的《储户问卷调查》以及各期《金融时报》。

② 依照张蓓（2009）的观点，为了与预期通胀率指标相匹配，实际通胀率指标的选择必须注意：第一，由于未来物价预期的调查范围是城镇居民，因此通胀率指标应选择城市 CPI，而不是 CPI；第二，由于通胀预期是对未来 3 个月来说的，因此选取城市 CPI 的季度环比数据；第三，城镇储户问卷调查每年在 2 月、5 月、8 月、11 月中旬在全国选定的网点同时调查，因此分别采用 3—5 月、6—8 月、9—11 月、12 月至次年 2 月的月度环比连乘得到季度环比数据；第四，将 t 期对未来 3 个月的物价预期称为第 $t+1$ 期的通胀预期。

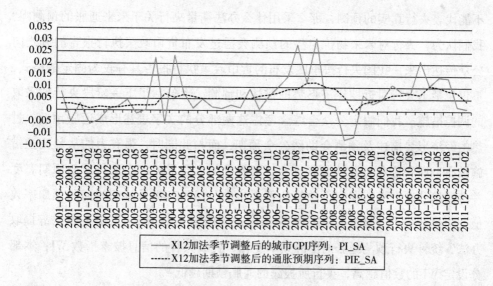

图例：
—— X12加法季节调整后的城市CPI序列：PI_SA
- - - - X12加法季节调整后的通胀预期序列：PIE_SA

图 3-1　实际通胀率与预期通胀率对比图

的影响而下降，有适应性预期的特点。此后的实际通胀率有所回调，但历经几次较高的实际通胀后，居民的通胀预期维持在较高水平上，并在 2006 年第四季度后随着实际通胀率的震荡上升而走高。直到 2008 年第一季度达到顶点后，受全球金融危机的影响而迅速下降。2008 年第四季度特别是 2009 年第一季度以后，由于积极的财政政策和适度宽松货币政策的推出，预期通胀率和实际通胀开始新一轮的上升，到 2010 年第四季度，实际通胀率达到高点。2011 年以来，由于欧债危机升级、国际局势依旧动荡、国内经济增长放缓等因素，我国实际通胀和通胀预期出现了一定的下降趋势。

（二）央行信息披露的量化

中国人民银行行长周小川认为，中国属于新兴发展中国家，又处在改革转轨过程中，按照中国目前的发展阶段，不宜采用通货膨胀目标制，而应重视货币供应量指标。[①] 在央行政策目标多元化的情况下，尤其是承担促进经济增长这一目标时，通胀目标往往让位于保证经济的发展速度，而其只是央行一厢情愿的想法而已，不能反映央行对未来通胀水平的预期。既然我国央行的通胀目标

---

① 摘自 2006 年 12 月 12 日《第一财经日报》。

不能代表央行真实的预测，那么采用什么办法衡量央行关于未来通胀的预测呢？我们认为，央行对未来物价走势的预测会通过发布货币政策执行报告的方式向公众传达出来，我国央行按季度发布的货币政策执行报告具有较为固定的格式，不仅包括了央行对近期经济形势的描述和预测，也包括了下一阶段央行拟采取的调控措施。我们假定公众会综合考虑这两部分的文字表述形成通胀预期，过热的经济形势描述及预测会助涨公众预期，而与此同时，强有力的从紧调控措施披露会缓和公众上升的通胀预期，两者叠加后会形成一个央行总的预期态度并传达给公众。央行在货币政策执行报告中虽然没有提及确切的通胀预期率数值，但是我们可以借鉴 Friedrich Heinemann 和 Katrin Ullrich（2005）的措辞提取办法，统计央行预测通胀的措辞频率变化，合成央行的信息披露指数 WI，本部分设定 WI 的数值越高，央行所披露的通胀预期越低①。

结合我国的实际情况和本部分研究需要，我们列出 2001 年第一季度（2001年 5 月发布）至 2011 年第四季度（2012 年 2 月发布）的总计 44 期《中国货币政策执行报告》正文部分中人民银行解释未来货币政策趋势的各项典型措辞，并统计各个措辞在每期报告中出现的频率②。为了筛选出有效传达央行通胀预期的措辞，我们根据货币政策实际执行情况（利率、法定准备金率及公开市场业务）将其分为政策扩张、政策中性、政策紧缩三类时期。然后利用 F - 检验统计分析这些措辞在不同货币政策时期出现频率是否不同，如果 F - 检验统计量显示在 10% 的水平上是显著不同的，那么这些措辞将有可能被用来建立央行信息披露指数。构建"央行信息披露指数"的步骤如下：

1. 阅读各期货币政策执行报告，系统整理可能反映央行通胀预期的措辞。从表 3 - 3 可以看出，反映央行具有高通胀预期的措辞表述有通胀风险、通货膨胀风险、通胀压力、通货膨胀压力等 12 种。由于这些表述的含义大致等价，我

---

① 这样定义方便下文做出通胀预期对来自 WI 的一个正的标准差冲击（央行披露出较低的通胀预期）的脉冲响应图。

② 2001 年第一季度（2001 年 5 月 14 日发布）的中国货币政策执行报告将影响 2001 年 5 月下旬进行的 2001 年第二季度储户问卷调查，2001 年第二季度（2001 年 7 月 16 日发布）的中国货币政策执行报告将影响 2001 年 8 月下旬进行的 2001 年第三季度储户问卷调查。以此类推，我们发现 t 期报告的发布将影响 $t+1$ 期的问卷调查基本符合实际。

们将其等权重地计入通胀措辞个数。反映央行具有通货紧缩担忧的措辞表述有价格下降和物价走低，这两者的含义也大致等价。此外，"不确定性"这一措辞经常出现于经济低迷，或者有下行风险的时期。"政策从紧"措辞是指央行面对经济过热的情况时，采取反向的经济操作，收紧流动性而经常提到的词汇，包括从紧、收紧两个含义基本等价的词语。其他可能的典型措辞还有"稳健""上调""下调"以及"扩大内需"。图3-2显示了各种措辞在不同货币政策执行区制中出现的频率。例如，通胀措辞在经济过热、货币政策紧缩时期出现的频率较高，在此时期的货币政策执行报告中平均出现次数达33次。

表3-3   反映央行通胀预期的典型措辞表

措辞类型	措辞表述	措辞类型	措辞表述
通胀	通胀风险	通缩	价格下降
	通货膨胀风险		物价走低
	通胀压力	不确定性	
	通货膨胀压力	政策从紧	从紧
	价格上升		收紧
	价格上涨	稳健	
	上行压力	上调（利率或准备金）	
	上涨压力	下调（利率或准备金）	
	上行风险	扩大内需	
	加快上涨		
	物价上涨		
	物价上升		

2. 使用方差分析对措辞进行筛选，保留有区分度的措辞。通过图3-2柱状图我们大致可以知道哪些措辞在不同区制下具有明显的区分度，可以作为建立"央行信息披露指数"的基础，但是还不能确定区分度不是很明显的措辞是否可以进入指数的建立。为此，我们拟对各个措辞展开ANOVA方差分析。方差分析是20世纪20年代发展起来的一种统计方法，在形式上方差分析比较的是多个总体均值是否相等，本质上是研究分类型自变量对数值型因变量的影响。更进一步地说，方差分析是通过对数据误差来源（随机误差、系统误差）的分析来判断不同总体之间的均值是否相等，进而分析自变量对因变量是否有影响。如果

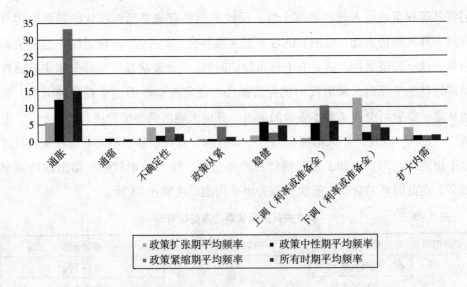

图 3-2　各种措辞在不同货币政策执行区制的出现频率

主要是组间的系统误差造成自变量显著，例如在本节中，某个措辞在不同的货币政策执行区制中出现的频率显著不同主要是由于货币政策执行区制不同造成的，那么这个措辞将予以保留，并作为构建"央行信息披露指数"的备选范围。从表 3-4 中可以看出，通缩措辞、扩大内需在 10% 的显著性水平下不显著，其余措辞均在 10% 的显著性水平下显著，我们将显著的 6 种措辞保留并将其作为构建央行信息披露指数的备选措辞。

表 3-4　　　　　　　　　　各措辞的方差分析表

措辞类型	F 统计值	显著度	η^2
通胀	11. 6080	0. 0000	0. 3615
通缩	0. 7680	0. 4705	0. 0361
不确定性	11. 0623	0. 0001	0. 3505
政策从紧	6. 1111	0. 0048	0. 2296
稳健	5. 0848	0. 0106	0. 1987
上调（利率或准备金）	3. 8816	0. 0286	0. 1592
下调（利率或准备金）	3. 1786	0. 0521	0. 1342
扩大内需	2. 0715	0. 1390	0. 0918

注：η^2 = 组间离均差平方和/总离均差平方和。

3. 对不同区制中的措辞频率进行两两比较，进一步筛选出有效措辞。由于 ANOVA 可以估计所有组间的差异性，但没有给出三个区制中的两两差异性，我们进一步对各个措辞进行两两区制下频率的对比检验。区制1、区制2、区制3分别代表政策扩张期、中性期和紧缩期。通过两两比对我们发现，"不确定性"和"稳健"两个措辞是不能入选指数构建的。以不确定性为例，扩张期与中性期措辞频率平均差为正且显著，而中性期与紧缩期措辞频率平均差为负且显著，在政策逐渐趋紧的过程中该措辞频率变化不具有单调性，也就是说该措辞不能有效地反映货币政策执行的基调和经济运行状态。"稳健"一词也有类似的情况。因此，我们最终选择"通胀""政策从紧""上调（利率或准备金）"和"下调（利率或准备金）"四种措辞来构建"央行信息披露指数"。对于"通胀"和"下调（利率或准备金）"来说，其频率越高意味着央行传递给公众的通胀预期越高；对于"政策从紧"和"上调（利率或准备金）"来说，其频率越高意味着央行传递给公众的通胀预期越低。

表 3 – 5 各措辞频率两两区制比较

措辞类型	区制(I)	区制(J)	平均差(I−J)	显著性水平	措辞类型	区制(I)	区制(J)	平均差(I−J)	显著性水平
通胀	1	2	−6.74	0.26	稳健	1	2	−4.08	0.02 *
	1	3	−27.64	0.00 *		1	3	−0.93	0.64
	2	3	−20.9	0.00 *		2	3	3.15	0.02 *
不确定性	1	2	2.64	0.00 *	上调	1	2	−4.43	0.15
	1	3	0.11	0.91		1	3	−9.54	0.01 *
	2	3	−2.54	0.00 *		2	3	−5.1	0.04 *
政策从紧	1	2	−0.02	0.99	下调	1	2	10.2	0.02 *
	1	3	−3.64	0.03 *		1	3	7.79	0.12
	2	3	−3.63	0.00 *		2	3	−2.41	0.46

注："*"表示在5%的显著性水平下显著。

4. 构建央行信息披露指数。我们以 η^2 作为各项措辞的权重，将各期措辞出现频率做标准化处理，并对加权、确定正负后的每一期的各个措辞次数求和，得出央行信息披露指数时间序列。指数的构建如下：

$$WI_t = \sum_{i=1}^{k} \frac{nobs(x_{i,t}) - meanobs(x_i)}{stdv(x_i)} sign(x_i)\eta^2(x_i) \qquad (3.14)$$

其中，WI 为央行信息披露指数，$nobs(x_{i,t})$ 代表措辞 i 在 t 期的出现频率；$meanobs(x_i)$ 为措辞 i 在各期出现频率的均值；$stdv(x_i)$ 表示措辞 i 在各期出现频率的标准差；$sign(x_i)$ 为措辞 i 的符号，显然措辞为"通胀"和"下调（利率或准备金）"时取负值，措辞为"政策从紧"和"上调（利率或准备金）"时取正值；$\eta^2(x_i)$ 为措辞 i 所占的权重。通过式（3.14）我们可以清楚地看出，越高的 WI 意味着央行披露的通胀预期越低。央行披露的预期水平的不同势必会对居民的通胀预期产生重要影响。图 3－3 显示了合成后的央行信息披露指数的走势。

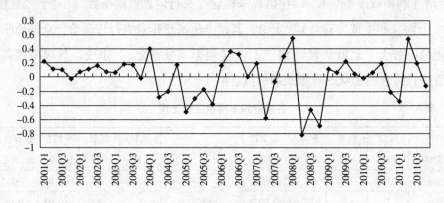

图 3－3　央行信息披露指数 **WI** 走势图

五、基于 SVAR 模型的我国通胀预期形成机制分析

（一）分析方法说明——SVAR 模型

SVAR 模型是基于向量自回归（VAR）模型的一种改进模型。虽然 VAR 模型在很多宏观经济时间序列分析的文献中应用广泛，但自身也存在着一些问题。VAR 模型没有给出变量之间当期的相关关系，即在方程的右边不包括内生变量的当期值，而这些当期相关关系隐藏在随机扰动项之中，这个随机扰动项也就是我们通常所说的新息向量。在这种情况下，会导致脉冲响应函数的经济含义模糊不清。如果只是用模型做预测，VAR 模型中的新息构成是不重要的，但是

如果要区分不同冲击的影响，就必须从经济理论出发，对 VAR 模型的新息进行分解，获得结构性新息。这种对 VAR 模型进行结构性分解的方法就是 SVAR 模型。

下面考虑 k 个变量的 SVAR 模型，p 阶结构向量自回归模型 SVAR（p）表示为

$$By_t = A_1 y_{t-1} + A_2 y_{t-2} + \cdots + A_p y_{t-p} + \Lambda x_t + \mu_t, t = 1, 2, \cdots, T \quad (3.15)$$

其中，$B = \begin{pmatrix} 1 & b_{12} & \cdots & b_{1k} \\ b_{21} & 1 & \cdots & b_{2k} \\ \vdots & \vdots & \ddots & \vdots \\ b_{k1} & b_{k2} & \cdots & 1 \end{pmatrix}$ 是一个 $k \times k$ 的方阵，其主对角线元素为 1，反映

了内生变量在当期的相互作用；$A_i = \begin{pmatrix} a_{11}^i & a_{12}^i & \cdots & a_{1k}^i \\ a_{21}^i & a_{22}^i & \cdots & a_{2k}^i \\ \vdots & \vdots & \ddots & \vdots \\ a_{k1}^i & a_{k2}^i & \cdots & a_{kk}^i \end{pmatrix}$，$i = 1, 2, \cdots, p$；$x_t$

是外生变量，Λ 是 x_t 的系数矩阵；$\mu_t = (\mu_{1t}, \mu_{2t}, \cdots, \mu_{kt})'$ 是白噪声向量。在矩阵 B 可逆的情况下，在式（3.15）两边同时乘以 B^{-1} 可以将结构式 VAR 转化为无约束 VAR：

$$\begin{aligned} y_t &= B^{-1} A_1 y_{t-1} + B^{-1} A_2 y_{t-2} + \cdots + B^{-1} A_p y_{t-p} + B^{-1} \Lambda x_t + B^{-1} \mu_t \\ &= C_1 y_{t-1} + C_2 y_{t-2} + \cdots + C_p y_{t-p} + \Omega x_t + \varepsilon_t, t = 1, 2, \cdots, T \end{aligned} \quad (3.16)$$

其中，$C_i = B^{-1} A_i$，$i = 1, 2, \cdots, p$，$\Omega = B^{-1} \Lambda$，$\varepsilon_t = B^{-1} \mu_t = (\varepsilon_{1t}, \varepsilon_{2t}, \cdots, \varepsilon_{kt})'$。我们可以利用估计得到的简化式对结构矩阵 B 中的元素进行估计，但式（3.16）中残差的方差协方差矩阵只能提供 $n^2 + n/2$ 个参数约束信息，而完全估计 B 则需要 n^2 个约束，这将导致分析者不能完全识别内生变量冲击，应该再添加 $n^2 - n/2$ 个约束。

（二）样本选取与数据处理说明

除通胀预期 π^e 本身以外，本节选择影响预期的变量有：（1）央行信息披露指数 WI；（2）实际干预变量：M_2 增长率、一年期基准贷款利率、法定准备金率；（3）其他宏观经济变量：通胀代理变量（城市 CPI）、资产价格代理变量

（房地产销售价格指数）和工业增加值缺口[①]、国际能源价格代理变量（WTI）。其中 WTI 为外生变量，其余均为内生变量。由于城镇储户调查时间为每年的 2 月、5 月、8 月、11 月，因此内生变量应选取 3—5 月、6—8 月、9—11 月、12 月至次年 2 月的月度环比连乘得到的季度环比数据；由于 B 矩阵无法对 WTI 进行约束，因此外生变量 WTI 选择滞后一期数据以避免存在 t 期 WTI 无法影响 t 期通胀预期这一问题。本部分研究的样本区间为 2001 年第二季度（2001 年 3 月至 2001 年 5 月）至 2012 年第一季度（2011 年 12 月至 2012 年 2 月）。为消除可能的季节因素，所有变量还须经过 X12 加法季节调整。

（三）数据的平稳性检验

在构建 SVAR 模型之前，首先对 π^e、央行信息披露指数 WI、M_2 增长率、一年期基准贷款利率、法定准备金率、城市 CPI、房地产销售价格指数、工业增加值缺口、WTI 价格增长率序列进行 ADF 平稳性检验（见表 3-6）。序列 π^e 在三种检验类型下 P 值均大于 0.1，说明在 90% 的置信水平下均接受原假设，即存在单位根，序列非平稳。对 π^e 进行对数处理后 P 值为 0.018，说明在 95% 的置信水平下拒绝原假设，即不存在单位根，对数化后的序列平稳。法定准备金序列为一阶单整序列，因此将其一阶差分后进入 SVAR 建模。在对其余序列进行 ADF 检验时发现 P 值均小于 0.05，为平稳序列，可以直接进入 SVAR 建模。

表 3-6　　　　　　　　　　数据的平稳性检验

变量	检验类型	ADF 值	P 值	结论
π^e	$(c, t, 0)$	-2.091	0.536	非平稳
	$(c, 0, 0)$	-2.039	0.270	
	$(0, 0, 0)$	-0.840	0.346	
$\ln\pi^e$	$(c, 0, 0)$	-3.428	0.015	平稳
WI	$(c, 0, 0)$	-5.656	0.000	平稳
M_2 增长率	$(c, 0, 0)$	-5.443	0.000	平稳

---

① 虽然 GDP 缺口是一个能较好衡量需求的代理变量，但是我国目前的 GDP 没有月度数据，而工业增加值有月度数据，因此采用工业增加值来替代 GDP。通过 HP 滤波估计潜在工业增加值，工业增加值缺口 =（实际工业增加值 - 潜在工业增加值）/潜在工业增加值。

续表

变量	检验类型	ADF 值	P 值	结论
一年期基准贷款利率	$(c, 0, 0)$	-2.962	0.048	平稳
法定准备金	$(c, t, 0)$	-2.266	0.442	非平稳
	$(c, 0, 0)$	0.682	0.990	非平稳
	$(0, 0, 0)$	2.933	0.999	非平稳
D（法定准备金）	$(0, 0, 0)$	-3.916	0.000	平稳
城市 CPI	$(c, 0, 3)$	-4.042	0.003	平稳
房地产销售价格指数	$(0, 0, 0)$	-2.336	0.021	平稳
工业增加值缺口	$(c, 0, 0)$	-5.603	0.000	平稳
WTI 价格增长率	$(c, 0, 0)$	-5.938	0.000	平稳

注：(c, t, m) 中的 c、t 和 m 分别表示 ADF 检验过程中的截距项、趋势项和滞后阶数。

（四）SVAR 模型的识别

本部分对 $\text{Ln}\pi^e$、WI、M_2 增长率、一年期基准贷款利率、法定准备金率（D）、城市 CPI、房地产销售价格指数和工业增加值缺口 8 个内生变量及 1 个外生变量 WTI 建立 SVAR 模型①。首先根据滞后阶准则选择滞后阶数为 1，建立 SVAR（1）模型。经检验 VAR 系统的特征根全部在单位圆内，说明模型稳定，滞后阶数选择合理。由于内生变量共有 8 个，因此要对矩阵 $B =$

$$
\begin{pmatrix}
1 & b_{12} & b_{13} & b_{14} & b_{15} & b_{16} & b_{17} & b_{18} \\
b_{21} & 1 & b_{23} & b_{24} & b_{25} & b_{26} & b_{27} & b_{28} \\
b_{31} & b_{32} & 1 & b_{34} & b_{35} & b_{36} & b_{37} & b_{38} \\
b_{41} & b_{42} & b_{43} & 1 & b_{45} & b_{46} & b_{47} & b_{48} \\
b_{51} & b_{52} & b_{53} & b_{54} & 1 & b_{56} & b_{57} & b_{58} \\
b_{61} & b_{62} & b_{63} & b_{64} & b_{65} & 1 & b_{67} & b_{68} \\
b_{71} & b_{72} & b_{73} & b_{74} & b_{75} & b_{76} & 1 & b_{78} \\
b_{81} & b_{82} & b_{83} & b_{84} & b_{85} & b_{86} & b_{87} & 1
\end{pmatrix}
$$
添加 $\dfrac{8^2 - 8}{2} = 28$ 个约束。基于经济理论及

① 笔者同时对该模型做了稳健性检验，发现在除去 WTI 价格增长率、房地产销售价格指数、WI 等变量后通胀预期对来自其余重要经济变量的冲击响应基本不变，SVAR 模型稳健性较好。

我国实际制度环境，设定识别条件如下：

第一，由于第一季度的货币政策执行报告要在当年5月份才能够对外披露，因此对2月所做的预期调查以及3—5月的宏观经济数据不存在影响，所以有 $b_{18}=b_{28}=b_{38}=b_{48}=b_{58}=b_{68}=b_{78}=0$；

第二，由于 t 期的预期在 $t+1$ 期形成，不受 t 期的各个经济变量的影响，因此 $b_{12}=b_{13}=b_{14}=b_{15}=b_{16}=b_{17}=0$；

第三，考虑到当期的 M_2 增长率、利率、准备金变化对 CPI 和产出影响存在时滞，因此 $b_{25}=b_{26}=b_{27}=b_{45}=b_{46}=b_{47}=0$；

第四，假设 t 期城市 CPI、房地产销售价格指数、工业增加值缺口对 t 期的 M_2 增长率影响较小，则 $b_{52}=b_{53}=b_{54}=0$；

第五，假设央行对利率、准备金的调节有一定的认识时滞，不因当期居民通胀预期变化而调整，在当期不受其他实际干预变量的影响，即 $b_{61}=b_{65}=b_{67}=b_{71}=b_{75}=b_{76}=0$。

为了检验识别的稳健性，我们还采用 Cholesky 分解建立递归形式的短期约束对 B 矩阵进行下三角识别（Yash P. Mehra 和 Christopher Herrington，2008），发现脉冲响应图与基于经济意义识别的脉冲响应图基本一致，说明了所建立的 VAR 系统识别具有稳健性。

（五）通胀预期决定因素的脉冲响应分析

在图3－4所示的脉冲响应图中，横轴表示冲击发生的时间间隔，我们选取脉冲响应函数的滞后期为10个季度；纵轴表示变量受到1个标准差信息冲击的响应程度，虚线表示1倍标准差的置信区间。Shock1—Shock8分别给出了通胀预期对来自本身、央行信息披露指数 WI、M_2 增长率、一年期基准贷款利率、法定准备金（D）、城市 CPI、房地产销售价格指数和工业增加值缺口的1个正向标准差冲击的脉冲响应。

居民通胀预期对于其自身的冲击反应最为迅速，程度也最为剧烈。对于自身1个正的标准差的新息冲击响应在第1期最大，随后逐渐衰减，正的影响作用大约持续4个季度，之后效应开始转为负值。

来自央行信息披露指数的1个正的标准差的冲击（央行披露出较低的通胀预期）会从第1期开始对通胀预期产生负向的影响，2个季度之后，负向影响逐

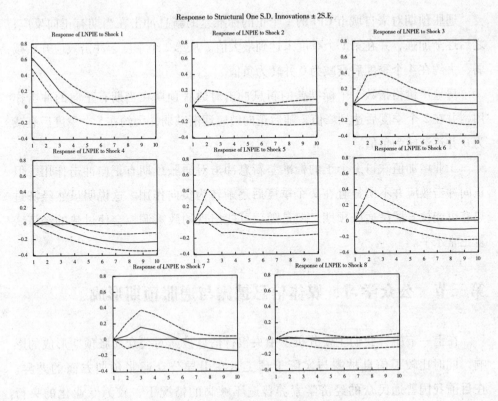

图 3 - 4 通胀预期对各变量的脉冲响应图

渐加强并稳定在一定的水平。

来自 M_2 增长率 1 个正的标准差的新息冲击对通胀预期在当期就有正向的冲击作用,大概第 3 个季度达到峰值,随后开始衰减,大约 6 个季度后衰减为 0 并转为负值。

一年期基准贷款利率的 1 个正的标准差冲击在第 1 个季度之内不能有效地使预期下降,却对通胀预期有着微弱的正向作用,在 1 个季度以后负向作用才突显出来并逐渐加强。从长期观察来看,利率的变化对通胀预期的影响程度最大,使用时要审慎,以防调整过度带来副作用。

准备金变化率的 1 个正的标准差冲击会在第 1 个季度对通胀预期产生正向影响,并于第 2 个季度达到峰值,在第 3 个季度后才会出现负向影响,且负向的作用效果不及央行信息披露。说明通过准备金的调节来稳定预期具有较长滞后性,单独使用时效果有限。

通胀预期对来自城市 CPI 的 1 个正的标准差的新息冲击在当期有正向反应，之后逐渐加强，并在第 1 个季度末达到最大值。从第 2 个季度起冲击效应开始减弱，大约在 4 个季度后衰减为 0 并转为负值。

房地产价格指数 1 个标准差的新息冲击对通胀预期在当期有正向的冲击作用，并在 2 个季度后达到峰值，随后正向效应逐渐减弱，大约在 5 个季度后衰减为 0 并逐渐转为负值。

工业增加值缺口 1 个正的标准差新息冲击对通胀预期有正向冲击作用，但正向冲击效应并不明显且在 2 个季度后逐渐转为负向作用。这说明虽然经济过热有可能拉升居民通胀预期，但是随后可能出现的政策调控会使过热的经济恢复正常水平。

第三节　公众学习、媒体信息披露与通胀预期形成

在上一节中，我们主要分析了中央银行信息披露对公众通胀预期形成的影响，同时比较了信息披露与实际干预工具在引导公众通胀预期方面的差异。在目前我国普通民众的经济学素养普遍不够高的情况下，较为专业化的央行信息披露相对业内人士的通胀预期形成的影响应该更加显著，对普通社会公众而言，通俗易懂的媒体信息披露则对其预期形成有更为直接的影响。本节将继续沿袭上一节的分析思路，进一步分析媒体信息披露对通胀预期形成的影响，同时与央行信息披露进行对比，分析两类披露渠道在引导公众预期方面的差异。

一、研究背景

通胀预期是公众对通货膨胀未来变动方向与幅度的事前估计，通胀预期的稳定程度对通胀和经济运行有着重要意义（Mishkin，2007）。2009 年 10 月 21 日，国务院常务会议提出把正确处理好保持经济平稳较快发展、调整经济结构和管理好通货膨胀预期的关系作为宏观调控的重点，首次明确提出要"管理好通货膨胀预期"；2011 年，"管理好通胀预期"被写入"十二五"规划纲要；2012 年经济工作会议上，"管理通胀预期"与"稳增长""调结构"并列为经济

工作的三大目标。最后，通胀预期管理逐步常态化，成为央行的重要任务之一。

对于通胀预期的形成方式，目前主要有两种观点：一种观点认为人们形成预期是根据以往的数据和经验来形成对未来的预期；另一种观点则认为，人们主要根据各方面信息，分析相关变量发展变化的可能，形成对未来的预期。因此，研究通货膨胀须首先厘清通胀预期的形成机制。与上一节不同的是，本节在综合考虑主要宏观经济变量对通胀预期影响的基础上，将重点分析媒体信息披露对公众预期形成的影响。

传统货币政策工具在管理通胀预期方面发挥了重要作用，这在 2012 年的货币政策操作效果中体现得尤为明显。2011 年，中国物价水平经历了一轮显著上涨，CPI 一度达到 6.5% 的历史高位，通胀预期强烈。为此中国人民银行按照国务院统一部署，于 2012 年实施稳健的货币政策，灵活开展公开市场操作，两次下调存贷款基准利率，推动企业融资成本下降，同时提高利率政策的独立性和透明性，使利率政策规则趋于稳定，以此有效稳定了公众通胀预期。

仅仅依靠传统的货币政策工具稳定预期往往是不够的。利率、准备金调整对宏观经济预期的影响存在一定时滞，因此需要利用更加有效的工具进行预期管理。现实生活中，公众对于当前物价水平的认知主要来源于两个方面：一是央行发布的货币政策执行报告；二是主流媒体如《人民日报》所报道的关于物价的信息。第二节主要针对第一个方面进行了研究，因此本节将从媒体信息传播渠道入手进行研究，进一步完善通胀预期形成机制理论。

二、文献回顾

通胀预期的形成过程除了受客观因素影响之外，也会受到主流媒体（广播电视、网络、报纸等）的舆论影响。媒体信息报道对公众通胀预期的影响可以用羊群效应解释，当媒体出现大量关于物价上涨的新闻时，一部分公众会形成未来通胀将上升的感受，从而影响自身通胀预期形成。因此，媒体的报道大多被当作是对公众通胀预期形成的一种客观描述。但公众没有充分、主动的舆论话语权，媒体报道只是帮助塑造了公众预期的形成。

关于媒体报道的信息传递以及对公众通胀预期形成的影响，西方国家着手研究的时间比较早，如 Blinder 和 Krueger（2004）放松了对消费者信息最大化以及理性经济人的假设，重点研究了新闻媒体对于信息传递以及对消费者通胀预期的影响。他们在对美国居民的一个随机样本采访中发现，电视和报纸是获取经济信息最重要的两种途径，且这两种途径对于消费者预期的形成有重要影响。Carroll（2003）发现，当媒体加大有关通胀信息的报道时，消费者会更加关注这些报告，使用最新的信息更新自身的通胀预期，从而提高消费预期。因此，媒体有关物价上涨的报道与消费者通胀预期形成具有正向关系，关于通胀报道的数量越多，消费者读到关于物价内容的可能性就会越大，并且他们通过全面的信息更新预期的可能性也就越大。

Doms 和 Morin（2004）的研究表明，消费者通胀预期的形成除了受经济基本面影响之外，还与媒体对经济报道的数量和质量有关。消费者不仅从相关基本面（包括失业、通胀、GDP、金融市场就业率和石油价格等）获得信息，还通过与他人的交流和媒体渠道获得新信息。在过去 25 年里，他们统计分析得出媒体信息披露对消费者预期形成的影响更为显著。Michael 和 Sarah（2010）在媒体对公众提供信息的基础上增加了第二个维度，重点分析了媒体影响公众通胀预期的两个渠道：一是媒体报道的数量（音量渠道），高频率的报道使消费者更关注通胀预期的信息，从而更新自己的预期值，使其更接近于完全信息条件下的理性预期；另一个是媒体报道的质量（音调渠道），夸大信息的媒体报道存在通胀偏差，将降低消费者通胀预期的准确性。Reis（2006）指出，越多的报道会为消费者提供越多的信息，他们会更加注意并不断改变通胀的预期。如果消费者面临获取信息、吸收信息和处理信息的成本，消费者一般会间断地通过更新信息改变自身通胀预期。

相对于国外研究，国内关于这一方面的研究数量比较少，薛万祥（1995）在《预期、博弈与货币政策》一文中提到，由于行为主体的背景各不相同，他们并不是都能有效地利用其所能得到的信息，对消费者来说，他们的信息大多是从媒体和日常交流中获得，其预期形成则很大程度受到其自身获得信息的影响。作为信息重要来源的舆论媒体，所传递的信息有一定的倾向性，但是应该指出，媒体信息披露仍然是影响公众预期的重要因素。唐唯、胡蕴真（2011）选取《人民日报》作为代表性媒体，按季度统计所有关于物价报道的篇数，使用最近十年的数据进行实证分析，得到了媒体有关物价的报道频率对公众通胀预期存在正向影响的结论。通胀除了受到客观条件影响外，也受到媒体信息的引导。闫力和刘克宫（2010）分析了我国实际情况，研究发现公众对经济常识的掌握程度较低，对一些经济指标的理解和分析存在误解，盲目"追随"和"跟风"的抢购现象时有发生，从而使我国公众的通货膨胀预期稳定性较差。

从上述关于媒体信息披露对通胀预期影响的相关文献可以看出，现有的文献大多是基于国外数据进行研究的，考虑中国实际情况，则相应的文献就比较少。随着2007年以来我国通胀压力的明显加大和2009年国务院提出管理好通胀预期的要求，研究媒体信息披露对管理好我国居民通胀预期愈发具有重要的现实意义。

本节余下内容安排如下：第三部分是我国通胀预期的衡量；第四部分是媒体信息披露对通胀预期形成影响的理论分析；第五部分是在 SVAR 模型下研究我国媒体信息披露对通胀预期形成的影响。

三、通胀预期的衡量

目前能够准确测量通胀预期的方法主要包括以下几类：一是通过期货市场价格变化预期未来商品价格变化。但是我国期货市场发展不成熟，并且种类比较少，故难以利用其预测未来通胀水平。二是利用计量模型，包括含滞后项的菲利普斯曲线，但容易遭到卢卡斯批判。三是基于债券收益率期限结构数据的方法，债券市场具有交易量大、市场相对成熟等特点，债券市场收益率数据能够较好地反映市场参与主体的通胀预期。四是问卷调查法，各国普遍使用调查问卷法来获得通胀预期值。美国 The Michigan Survey 机构主要通过电话采访咨询 500～700 位消费者对未来通货膨胀预期。美国密歇根大学 ISR（Institute for Social Research）定期发布 1946 年以来家庭对未来 1 年（短期）和 5～10 年（长期）通胀预期的月度抽样调查数据。

我国目前可以获取的通胀预期调查数据主要包括城镇居民问卷调查、企业家问卷调查以及银行家问卷调查。我国央行为了准确把握城镇居民通胀预期变化，从 1995 年开始，每年的 2 月、5 月、8 月、11 月通过储户问卷调查在全国 58 个（大、中、小）调查城市中选定 464 个储蓄网点，在每个调查网点随机抽取 50 名储户作为调查对象。自 2009 年开始，调查城市数量改为 50 个，储蓄网点数量改为 400 个。问卷调查中关于物价预期的描述为未来 3 个月物价预期变动，定性选项为"上升""持平"和"下降"。中国人民银行对于企业家问卷调查的描述大致表述为未来 3 个月原材料购进价格、产品销售价格变动，定性选项为"上升""持平"和"下降"。中国国家统计局也从 2004 年第一季度开始定期调查 3000 多位银行家的通货膨胀预期，其内容包括未来 3 个月总体物价水平、消费者价格和投资品价格波动，定性选项为"明显上升""上升""持平""下降"和"明显下降"。

限于数据的可得性，我们主要关注城镇居民通胀预期数据。由于调查对象是居民和住户，所以可以用于从消费者的角度来考察通胀预期的变化。除此之外，居民在调查中也仅仅被问及未来价格变化的走势，并没有提到具体的数值，因此有必要通过数理统计方法将这些定性数据转化为定量数据。

本部分主要采用 Carlson 和 Parkin 在 1975 年提出的 C - P 概率法来进行居民通胀预期的定量估计，假定被调查者的预期通胀率服从某一概率分布；并且如果被调查者预期通胀率在某一个以 0 为中心的敏感性区间 $(-a_t, a_t]$ 内，他将选择通货膨胀率保持不变。但实际问题中，被调查者对于价格上涨和下降的看法不一定是对称的，考虑到实际情况，本部分参考张蓓（2009）将敏感区间设为 $(-a_t, b_t]$，其中 $a, b > 0$。

我们假设被调查者关于 t 期的通胀预期是一个随机变量 x_t^e，其概率分布函数为 $f_t(x)$，预期 x_t^e 大于 b_t 的概率就是"认为 t 期物价上升"的人数百分比 R_t，预期 x_t^e 小于 $-a_t$ 的概率就是"认为 t 期物价下降"的人数百分比 F_t，预期 x_t^e 位于 $(-a_t, b_t]$ 区间的概率就是"认为 t 期物价保持不变"的人数百分比 N_t，用数学公式表示为

$$P(x_t^e > b_t) = R_t \tag{3.17}$$

$$P(x_t^e \leqslant -a_t) = F_t \tag{3.18}$$

$$P(-a_t < x_t^e \leqslant b_t) = N_t \tag{3.19}$$

假设预期通胀率服从正态分布，均值就是最终形成的预期通胀率 π_t^e，则将上述表达式标准化后有

$$P\left(\frac{x_t^e - \pi_t^e}{\sigma_t^e} > \frac{b_t - \pi_t^e}{\sigma_t^e}\right) = P\left(Z_t > \frac{b_t - \pi_t^e}{\sigma_t^e}\right) = R_t \tag{3.20}$$

$$P\left(\frac{x_t^e - \pi_t^e}{\sigma_t^e} \leqslant \frac{-a_t - \pi_t^e}{\sigma_t^e}\right) = P\left(Z_t \leqslant \frac{-a_t - \pi_t^e}{\sigma_t^e}\right) = F_t \qquad (3.21)$$

其中，σ_t^e 是 π_t^e 的标准差，$Z_t = \dfrac{x_t^e - \pi_t^e}{\sigma_t^e}$ 是标准正态随机变量。设 $\Phi(\cdot)$ 是标准正态分布的累积分布函数，令 $z_1(t) = \Phi^{-1}(F_t)$，$z_2(t) = \Phi^{-1}(1 - R_t)$，则有 $z_1(t) = \dfrac{-a_t - \pi_t^e}{\sigma_t^e}$ 和 $z_2(t) = \dfrac{b_t - \pi_t^e}{\sigma_t^e}$，解得预期通胀率为

$$\pi_t^e = \frac{b_t z_1(t) + a_t z_2(t)}{z_1(t) - z_2(t)} \qquad (3.22)$$

为了得到具体的数据，我们进一步假定 $(-a_t, b_t] = (-a, b]$，并且在样本区间内，实际通胀率的均值等于预期通胀率的均值，即 $\dfrac{1}{T}\sum\limits_{t=1}^{T}\pi_t = \dfrac{1}{T}\sum\limits_{t=1}^{T}\pi_t^e$。因此，如果给出 a 的具体值，就可以估计出 b 的数值：

$$b = \frac{\sum\limits_{t=1}^{T}\pi_t[z_1(t) - z_2(t)] - \sum\limits_{t=1}^{T}az_2(t)}{\sum\limits_{t=1}^{T}z_1(t)} \qquad (3.23)$$

在通胀预期的估计过程中，涉及 a 和 b 的选取问题，张蓓（2009）使用情景分析法得到敏感区间 $(-a, b]$ 等于 $(-1.5\%, 1.2\%]$ 时，预期通胀率与实际通胀率之间的误差最小，因此，本节将使用 $(-1.5\%, 1.2\%]$ 和改进C－P概率法计算得到预期通胀率数列。同时，为了与预期通胀率指标相匹配，通胀率指标的选择必须注意两点：第一，由于被调查对象是城镇居民，因此通胀率指标应选择城市居民消费价格指数。第二，由于通胀预期是对未来3个月来说的，因此选取季度环比数据。第三，城镇储户问卷调查每年在2月、5月、8月和11月中旬在全国选定的网点同时调查，因此分别采用12月至次年2月作为第一季度，3—5月作为第二季度，6—8月作为第三季度，9—11月作为第四季度，通过各月度的环比数据连乘得到季度环比数据。第四，将 t 期对未来3个月的物价预期称为第 $t+1$ 期的通胀预期。

根据以上估计方法，利用中国人民银行公布的各期储户调查问卷和各期

《金融时报》《中国货币政策执行报告》数据，搜集并整理了 2001—2012 年的季度数据，通过正态分布和改进 C－P 概率法，可计算得到经过季节调整之后我国城镇居民的预期通胀率数据，见表 3－7。

表 3－7　　　　　　　我国城镇居民季度预期通胀率（2001—2012 年）

时间	预期通胀数据	时间	预期通胀数据
2001. 02	0. 0026	2007. 02	0. 0125
2001. 05	0. 0028	2007. 05	0. 0127
2001. 08	0. 0016	2007. 08	0. 0168
2001. 11	－ 0. 0002	2007. 11	0. 0171
2002. 02	0. 0009	2008. 02	0. 0142
2002. 05	0. 0005	2008. 05	0. 0129
2002. 08	0. 0005	2008. 08	0. 0075
2002. 11	0. 0014	2008. 11	－ 0. 0017
2003. 02	0. 0019	2009. 02	0. 0036
2003. 05	0. 0019	2009. 05	0. 0049
2003. 08	0. 0020	2009. 08	0. 0063
2003. 11	0. 0093	2009. 11	0. 0090
2004. 02	0. 0069	2010. 02	0. 0091
2004. 05	0. 0088	2010. 05	0. 0098
2004. 08	0. 0076	2010. 08	0. 0091
2004. 11	0. 0062	2010. 11	0. 0151
2005. 02	0. 0062	2011. 02	0. 0137
2005. 05	0. 0062	2011. 05	0. 0114
2005. 08	0. 0061	2011. 08	0. 0105
2005. 11	0. 0068	2011. 11	0. 0053
2006. 02	0. 0063	2012. 02	0. 0041
2006. 05	0. 0080	2012. 05	0. 0044
2006. 08	0. 0088	2012. 08	0. 0036
2006. 11	0. 0101	2012. 11	0. 0054

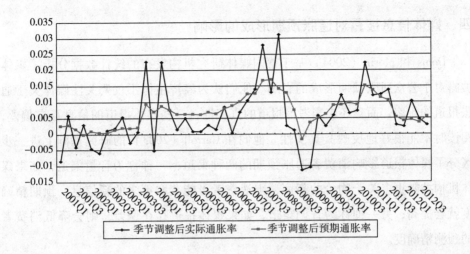

图 3 − 5　实际通胀率与预期通胀率对比图

从图 3 − 5 可以看出：在 2001 年第一季度到 2003 年第三季度，实际通胀率低且稳定，实际通胀围绕预期通胀率上下波动不大。在 2003 年第四季度，通胀率迅速上升，而消费者未事先预期到这一变化，因此极大地低估了通胀率；2004 年第一季度，消费者迅速做出向上调整预期的行为，但实际通胀率又迅速下降，说明消费者又极大地高估了通胀率；2004 年第三季度的通胀率又迅速上升，消费者再次低估通胀率；此后的通胀率虽然有所回落，但程度基本高于2001 年第一季度到 2003 年第三季度的水平。2004 年第三季度到 2007 年第二季度，消费者除了数次低估通胀外，基本上都是高估通胀的。2007 年第三季度到2008 年第三季度实际通胀和预期通胀率再次出现了程度较大的上升。2009 年第一季度到 2010 年第一季度出现全球金融危机的影响，我国实际通胀和消费者的通胀预期都受到极大波动，特别是 2009 年第一季度发生严重的通货紧缩时，消费者极大地高估了通货膨胀；2009 年第二季度以后，由于央行采取积极的财政政策和适度宽松的货币政策，预期通胀和实际通胀开始新一轮的上升，到 2010年第四季度左右，实际通胀率达到高点。2011 年第一季度到 2012 年第一季度，由于欧债危机爆发及国内经济增长缓慢等因素，我国实际通胀和通胀预期出现了一定的下降趋势。2012 年第四季度之后，实际通胀率和预期通胀又开始出现缓慢上升的趋势。

四、媒体信息披露对通胀预期形成的影响

Doms 和 Morin（2004）基于德国媒体研究机构发布的统计数据分析了媒体披露对于公众通胀预期形成的影响。他们认为经济主体不仅要关注媒体关于通胀报道的频率，而且还应当考虑报道的真实性，一些媒体报道的信息存在偏差，阅读时不能很好地反映其真实性。他们在 Carroll（2003）的研究基础上进一步区分了媒体报道影响消费者通胀预期的两种渠道：一种称为音量渠道，如果媒体机构披露更多关于物价的新闻，则消费者可能获取更多的新信息，预期精确度就会提高；另一种称为音调渠道，如果媒体报道存在偏差，则会降低消费者的预测精确度。

本部分借鉴 Doms 和 Morin（2004）所用模型，假定在每个时期媒体都会报道通胀预期的信息，每份报告中都包含着一种专家权威预测观点，J 为某个消费者观察的报道数量，K 为专家权威预测报告数量，则理性通胀预期可表示为 $\frac{1}{K}\sum_{k=1}^{K}E_t[\pi_{k,t+1}] = \overline{E_t[\pi_{t+1}]}$，其中 π 为通货膨胀率，定义 θ_i 为通胀预期偏差，其数值等于 $E_t[\pi_{i,t+1}] - \overline{E_t[\pi_{t+1}]}$，表示第 i 份媒体报道的预期值偏离理性通胀值的差额且服从正态分布 $N(0,\sigma_\theta^2)$。

媒体充分了解通胀预期偏差的存在，但是为了能够吸引消费者，所报道的信息通常不会反映出这一偏差，且每个时期的媒体报道都包含通胀偏差和媒体偏差，即

$$\psi_i = \theta_i + b \tag{3.24}$$

其中，ψ_i 表示消费者通过媒体报道所获得的信息，θ_i 为通胀偏差信息，b 为媒体偏差信息且服从独立同分布 $N(b_0,\sigma_b^2)$。

假定消费者事先了解 θ_i 和 b 的具体分布，他们首先运用 J 期的历史信息，采用贝叶斯分析法得到 b 的估计值为

$$\hat{b}_J = \frac{\frac{J}{\sigma_\theta^2}}{\frac{J}{\sigma_\theta^2} + \frac{1}{\sigma_b^2}}\overline{\psi} + \frac{\frac{1}{\sigma_b^2}}{\frac{J}{\sigma_\theta^2} + \frac{1}{\sigma_b^2}}b_0 \tag{3.25}$$

其中，$\overline{\psi} = \dfrac{1}{J} \sum_{i=1}^{J} \psi_i$。

第 J 份报告的通胀偏差估计：

$$\hat{\theta}_J^P = \psi_J - \hat{b}_J = \psi_J - \frac{\dfrac{J}{\sigma_\theta^2}}{\dfrac{J}{\sigma_\theta^2} + \dfrac{1}{\sigma_b^2}} \overline{\psi} - \left(1 - \frac{\dfrac{J}{\sigma_\theta^2}}{\dfrac{J}{\sigma_\theta^2} + \dfrac{1}{\sigma_b^2}} \right) b_0 \qquad (3.26)$$

$$= \frac{\dfrac{1}{\sigma_b^2}(b - b_0) + \left(\dfrac{J-1}{\sigma_\theta^2} + \dfrac{1}{\sigma_b^2} \right)\theta_J - \dfrac{J}{\sigma_\theta^2} \sum_{i=1}^{J-1} \theta_i}{\dfrac{J}{\sigma_\theta^2} + \dfrac{1}{\sigma_b^2}}$$

同时，第 J 份报告的方差为

$$Var(\hat{\theta}_J^P) = \frac{\dfrac{J-1}{\sigma_\theta^2} + \dfrac{1}{\sigma_b^2}}{\left(\dfrac{J}{\sigma_\theta^2} + \dfrac{1}{\sigma_b^2} \right)^2} \equiv W \qquad (3.27)$$

通胀预期偏差 θ_J 的贝叶斯估计值为

$$\hat{\theta}_J = \frac{\dfrac{J}{\sigma_\theta^2}}{\dfrac{J}{\sigma_\theta^2} + \dfrac{1}{W}} 0 + \left(1 - \frac{\dfrac{J}{\sigma_\theta^2}}{\dfrac{J}{\sigma_\theta^2} + \dfrac{1}{W}} \right)(\psi_J - \hat{b}_J) = \frac{\dfrac{1}{W}}{\dfrac{J}{\sigma_\theta^2} + \dfrac{1}{W}}(\psi_J - \hat{b}_J) \quad (3.28)$$

从式（3.28）可以得到命题 1：更多的新闻信息能够帮助消费者正确识别媒体报道偏差，而且他们的预测与理性通胀预期值在报道数量无穷大时趋于一致，这也暗示着媒体偏差在报道数量无穷大时对消费者预期行为影响几乎为 0。

另外，假设存在这样一种媒体偏差，能够说服消费者相信媒体所披露的报道确实存在偏误，那么消费者所获得的信息为

$$\psi_i = \theta_i + (1 - \lambda)b \qquad (3.29)$$

其中，λ 衡量说服力程度，将其代入式（3.28）得

$$\hat{\theta}_J^\lambda = \frac{\dfrac{J}{W}}{\dfrac{1}{\sigma_\theta^2} + \dfrac{1}{W}}(\psi_J - (1 - \lambda)\hat{b}_J) \qquad (3.30)$$

从式（3.30）中得到命题 2：如果 λ 为正，那么媒体偏差对于预测估计值的

影响是正的，当 J 值取无穷大时，媒体披露有偏差的信息对消费者预测的影响和说服力效果是一致的。

Carroll（2003）认为，随着时间的推移，只有一部分消费者了解新信息并更新通胀预期，其他的消费者继续保持原来的预测观点，因此，t 期到 $t+1$ 期的通胀预期值等于这两部分消费者预期值的加权值，即

$$E_t[\pi_{t+1}] = C_t = \rho(V_t)C_t^{new} + (1 - \rho(V_t))C_{t-1} \tag{3.31}$$

其中，V_t 表示媒体报道数量，C_t^{new} 表示更新通胀预期的消费者，$\rho(V_t)$ 表示这部分消费者所占权重。假设媒体披露的信息越多，消费者就越有可能更新自己的通胀预期值，即 $\partial\rho(V_t)/\partial V_t > 0$。

命题1条件下，说服力程度 λ 为0，说明媒体行为对消费者预期无影响，消费者使用专家权威理性通胀预期来更新信息，即 $C_t^{new} = \overline{E_t[\pi_{t+1}]} = P_t$，从而得到绝对偏差值为

$$|C_t - P_t| = |\rho(V_t)P_t + (1 - \rho(V_t))C_{t-1} - P_t| = |(1 - \rho(V_t))(C_{t-1} - P_t)|$$
$$\tag{3.32}$$

当 $C_{t-1} - P_t > 0$ 时，$\partial|C_t - P_t|/\partial V_t \leq 0$；当 $C_{t-1} - P_t < 0$ 时，$\partial|C_t - P_t|/\partial V_t < 0$。从而可得消费者预期不受通胀偏差的影响（$\lambda = 0$），且当媒体报道数量越多时消费者的预期越接近理性预期值。这一观点被 Doms 和 Morin（2004）称为音量渠道（Volume Channel）。

命题2条件下说服力的作用能够影响消费者的决策，如果考虑到 λ 的因素，$C_t^{new} = \overline{E_t[\pi_{t+1}]} + \lambda = P_t + \lambda$，则绝对偏差值为

$$|C_t - P_t| = |\rho(V_t)(P_t + \lambda) + (1 - \rho(V_t))C_{t-1} - P_t|$$
$$= |(1 - \rho(V_t))(C_{t-1} - P_t) + \rho(V_t)\lambda|\partial|C_t - P_t|/\partial V_t \tag{3.33}$$
$$= \partial|(1 - \rho(V_t))(C_{t-1} - P_t) + \rho(V_t)\lambda|/\partial V_t$$
$$= -\partial\rho(V_t)|(C_{t-1} - P_t)|/\partial V_t + \partial\rho(V_t)\lambda/\partial V_t \tag{3.34}$$

对于 $\partial|C_t - P_t|/\partial V_t$ 的符号未定。只有在 $\lambda < |C_{t-1} - P_t|$ 时，媒体报道数量越多时消费者的预期值会越精确。因此，如果夸大信息的媒体报告能够影响消费者的决策，那么数量越多的报告反而降低了消费者通胀预期的准确性。这一观点称为音调渠道（Tone Channel）。

通过以上理论分析，我们可以看出媒体信息披露与通胀预期的准确度存在正向关系。越多的媒体报道会为消费者提供越多的信息，他们会不断更新信息，提高通胀预期的准确度，但是媒体披露有偏差的报道会使消费者的通胀预期准确性大大降低。

五、媒体信息披露对通胀预期影响的实证分析

国内外关于公众计量式学习方法的研究比较多，因此，我们重点研究我国居民感性学习渠道对通胀预期形成的影响。本节将基于 Blanchard 和 Quah（1989）提出的 SVAR 理论，通过查阅 2001—2012 年期间的《人民日报》，借鉴李云峰和李仲飞（2011）及唐唯和胡蕴真（2011）的研究方法，构建我国媒体信息披露指数，在已有研究成果的基础上，结合我国基本国情，运用该理论模型考察我国居民通胀预期形成的影响因素。

以上理论研究发现，公众通胀预期及其偏差受媒体信息披露指数、央行信息披露指数及其他宏观经济变量的综合影响，于是，公众感性学习对通胀预期影响的实证方程可以表示为

$$\pi^e = f(\pi, MEDIA, WI, M_2, R\cdots) \tag{3.35}$$

（一）样本和数据的选取

1. 媒体信息披露的量化。《人民日报》是中国共产党中央委员会机关报，最具权威性和影响力。它具有较强公信力，报道和评论被社会大多数人广泛关注并引以为思想和行动的依据。鉴于此，本部分综合考虑数据的可得性和媒体的影响力，选择《人民日报》作为媒体披露的代表进行研究，媒体对未来的物价走势的预测通过《人民日报》的方式向公众传达出来。假设公众每日关注《人民日报》中涉及物价的信息，例如：2011 年 3 月 16 日第 2 版政府工作报告中提到，"当前，物价上涨较快，通胀预期增强，这个问题涉及民生、关系全局和影响稳定。要把稳定物价总水平作为宏观调控的首要任务"。基于这样的事实，公众将会认为我国存在通货膨胀压力。又例如：2002 年 4 月 20 日国民经济版公布 3 月份居民消费价格同比下降 0.8%，其中，城市下降 1.1%，农村下降 0.2%，这一信息引导公众形成通货紧缩的预期。因此，本部分界定的媒体信息披露包括有关物价变化情况的所有新闻、社论和研究分析报告等。

收集了相关报道后，我们对这些报道按照月份进行分类汇总，以反映媒体对未来物价意图方向，把含有未来物价上涨的信息赋值为 +1，含有未来物价稳定不变或者模棱两可的信息赋值为 0，而含有未来物价下降的信息赋值为 −1。如果月度内存在多个关于物价的信息时，我们就要累计该期间的沟通信号值，构造 $Media_t$ 为该期间的信息值，计算公式为

$$Media_t = \sum n_\tau / N_t \tag{3.36}$$

其中，n_τ 表示在 τ 时刻物价信息的数值，N_t 表示在 t 时刻内沟通的次数，$Media_t$ 则表示在时间窗口 t 时期内的信息值。我们按季度加总计算得到《人民日报》2001—2012 年每个季度有关物价的信息值。基于我们对这些报道的分析和解读，不可避免地具有一定的主观性，不排除分类错误的可能。为了减少此类错误，首先我们分别独立地进行分类，结果相同的直接进行确认，不同的我们重新检索其随后的相关报道，根据这些随后报道再进行分类，如果还无法明确进行分类，就将其直接排除。

2. 其他经济变量数据。除通胀预期（EPI）和媒体信息披露数据（MEDIA）外，其他影响预期的变量：

（1）央行信息披露指数（WI）。央行定期发布相关金融数据、举行新闻发布会来披露货币政策目标和意向，公众能够很好地"学习"这些信息，更新自己的通胀预期，因此，本节在已有研究成果的基础上，将央行信息披露指数纳入本部分通胀预期影响因素的 SVAR 模型之中，比较分析我国央行信息披露和媒体信息披露能否同时引导公众的通胀预期行为。

国外已有几种较为成熟的方法来量化央行报告的信息披露内容，Friedrich Heinemann 和 Katrin Ullrich（2005）采用措辞提取法统计了央行预测通胀的措辞频率变化，合成央行的信息披露指数；在国内，关于这方面的研究凤毛麟角，卞志村等（2012）、李云峰（2012）、李云峰等（2010）、肖曼君等（2009）做过相应的研究，本节将参考卞志村等（2012）的 WI 指数处理方法，并使用 SPSS 软件分析获得 2001 年第一季度到 2012 年第四季度的央行信息披露指数。

（2）实际通货膨胀率（PI）。由于之前在估计预期通胀数据时，使用的是城

镇储户居民调查统计数据，被调查对象是城镇居民，因此，为了保持口径一致，实际通胀率是通过城市居民消费价格指数来获得的。

（3）货币政策代理变量（M_2）。货币供应量作为央行最重要的政策中介目标，既可以反映潜在购买力，又可以反映我国货币政策操作的有效性。因此，本部分用广义货币供应量 M_2 的增长率作为货币政策的代理变量。

（4）利率（R）。银行间同业拆借利率、政府债券收益率和基准贷款利率都可以很好地反映利率水平。黄益平等（2010）认为目前银行间市场和政府债券市场的流动性存在一定问题，因此基准利率仍然是我国最重要的利率。这里选择一年期贷款基准利率作为所研究的代理变量，其季度数据由每月贷款利率数据加权平均而得（孙承龙和王时芬，2012）。

数据来源于中经网、Wind 资讯网和中国人民银行网站等，在现有文献的基础上，本部分基于我国宏观经济数据做实证分析。首先，更新数据样本期为 2001 年第一季度到 2012 年第四季度。其次，我们采用 SVAR 分析框架，尽可能地考虑多种潜在决定通胀预期的影响因素。最后，对于缺失的数据，将采用线性插补法予以补全。对于一些具有显著异常值的数据，将结合实际情况，进行异常值的平滑修正，并对所有变量运用 Census X12 法进行调整，以剔除季节性波动。

（二）平稳性检验和协整检验

在进行模型分析前，首先要分析各变量的平稳性。我们采用 ADF 单位根检验方法得到以上各变量的平稳阶数。检验结果表明，除通胀预期 π^e 和一年期贷款基准利率 RR 是 I（1）序列外，其他序列都是 I（0）平稳序列。通过迹检验和最大特征根检验方法都表明各变量之间存在协整关系。因此，这里对通胀预期（π^e）、实际通货膨胀率（π）、媒体信息披露数据（MEDIA）、央行信息披露指数（WI）、货币政策代理变量（M_2）、利率（R）6 个变量的原序列建立 SVAR 模型。

（三）SVAR 模型的设定

首先，根据滞后阶准则选择滞后阶数为 3，建立 SVAR（3）模型。

其次，根据 SVAR 理论模型分析，一个包含 6 个内生变量的 SVAR 模型要进行识别，必须给出 $[6 \times (6-1)] \div 2 = 15$ 个约束条件。

$$
在本书中，有\ y_t = \begin{bmatrix} epi \\ pi \\ media \\ wi \\ m_2 \\ rr \end{bmatrix},\ B = \begin{bmatrix} 1 & b_{12} & b_{13} & b_{14} & b_{15} & b_{16} \\ b_{21} & 1 & b_{23} & b_{24} & b_{25} & b_{26} \\ b_{31} & b_{32} & 1 & b_{34} & b_{35} & b_{36} \\ b_{41} & b_{42} & b_{43} & 1 & b_{45} & b_{46} \\ b_{51} & b_{52} & b_{53} & b_{54} & 1 & b_{56} \\ b_{61} & b_{62} & b_{63} & b_{64} & b_{65} & 1 \end{bmatrix},\ \mu_t = \begin{bmatrix} \mu_{1t} \\ \mu_{2t} \\ \mu_{3t} \\ \mu_{4t} \\ \mu_{5t} \\ \mu_{6t} \end{bmatrix}。
$$

矩阵 B 中的元素表示的是变量间的当期关系，因此对预期通胀率、媒体信息披露指数等数据基于经济理论及我国实际宏观经济环境设定了如下识别条件：

第一，央行根据当前宏观经济形势做出的货币政策具有一定的时滞性，货币供应量的增长不受实际通胀水平、居民通胀预期和信息披露的影响，因此 $b_{51} = b_{52} = b_{53} = b_{54} = 0$。

第二，央行通过调整贷款利率影响通胀水平存在一定的时滞，不受当期居民通胀预期变化和货币供应量的影响，也不受央行自身货币政策信息披露和外界媒体关于物价报道的影响，因此 $b_{61} = b_{63} = b_{64} = b_{65} = 0$。

第三，居民预期调查在先，央行披露货币政策执行报告在后，所以当期通胀预期变化和实际通胀变化的影响对央行信息披露指数不存在影响，媒体信息披露对该指数的影响也几乎为 0，因此 $b_{41} = b_{42} = b_{43} = 0$。

第四，t 期通胀预期在 $t-1$ 期形成，央行即期调整贷款利率和货币供应量对居民当期通胀预期的变化影响不大，故 $b_{15} = b_{16} = 0$。

第五，当期发布的媒体信息和央行货币政策执行报告对当期的实际通胀影响程度不大，所以 $b_{23} = b_{24} = 0$。

（四）脉冲响应分析

图 3-6 显示 1 个单位标准差的媒体信息披露冲击、央行信息披露冲击、货币供应量冲击、一年期贷款基准利率冲击对通胀预期变量的影响。其中，横轴表示滞后冲击作用的滞后期数（季度），纵轴表示通胀预期的变化趋势，实线表示脉冲响应函数，虚线表示正负两倍的标准差偏离带，并设定滞后期为 12。

通胀预期对于媒体信息披露 1 个新息的变动在前 5 个季度有正向的反应，且

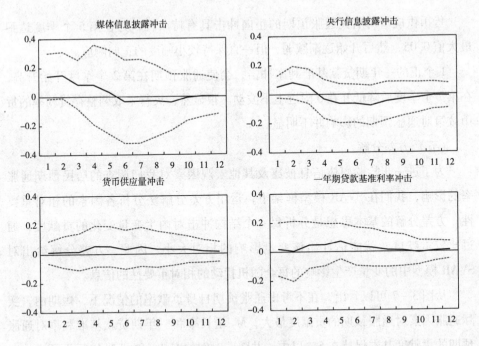

图3－6 通胀预期对各内生变量的脉冲响应

反应幅度逐步减弱，在第 5 个季度末达到临界值 0；之后负向影响保持在稳定的水平，并逐渐趋近于 0。这说明短期内，媒体报道的物价信息对居民通胀预期具有正向影响，及时更新的物价报道会使居民产生较高的预期通胀，当居民意识到自身可能高估了通胀率，便会做出向下的预期调整。随着时间的推移，这种影响也逐渐减弱趋近于 0。

前 3 个季度，来自央行信息披露指数的 1 个正的标准差冲击对通胀预期产生正向影响，之后影响由正向转为负向，并在第 7 个季度达到最小值 － 0.08，在经过短暂的调整之后，影响逐渐趋近于 0。这说明短期内，过热经济政策和实际通胀形势使得公众形成通胀上升的预期，加之央行的宏观经济调控政策和信息披露存在一定的时滞，因此对居民通胀未来形势判断影响不大。但随着时间的变化，央行信息披露与居民通胀预期成负向关系，信息披露指数越大，居民认为央行将采取更多经济调控措施、发布更多的信息来抑制经济过快增长和保持物价稳定，他们的通胀预期也随之下降。在第 4 个季度之后央行信息披露对居民通胀预期的影响持续为负。

货币供应量对居民通胀预期的正向冲击具有持久性，并在第 5 个季度达到最大值 0.05，然后开始逐渐减弱，但一直保持较小幅度的正向响应。

1 个正的一年期贷款基准利率冲击，会使通胀预期在第 2 个季度开始升高，在第 7 个季度后降低并在 0 附近上下波动。很显然，央行采取调整存贷利率的货币政策对通胀预期的影响并不明显。

（五）方差分解

为了进一步检验媒体信息披露及其他宏观因素对我们调查的居民预期通胀率的影响，我们在 SVAR 模型框架下，运用方差分解法分析各因素的相对重要性。方差分解的基本思想是分析每一个结构冲击对内生变量变化的贡献度，通过比较贡献度，就能估计出该变量影响的相对大小。因此，方差分解给出对 SVAR 模型中的变量产生影响的每个随机扰动的相对重要性的信息。

从图 3 - 7 可以看出，在不考虑通胀预期自身贡献率的情况下，短期内，实际通胀因素对通胀预期的贡献度最大，M_2 增长率和一年期贷款基准利率对通胀预期的贡献度基本保持在 5% 以内，并随着时间的变化，这两种实际干预措施对通胀预期的影响趋于一致。

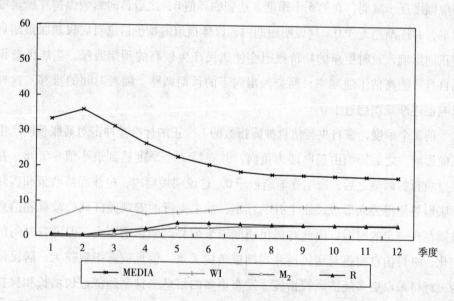

图 3 - 7　通胀预期的方差分解

短期内央行信息披露因素对通胀预期的贡献率在第 2 个季度大约为 10%，随后有小幅下降，但从长期来看，贡献度呈现稳步上升态势，最终稳定在 9% 左右。而媒体信息披露因素在第 2 个季度达到约 35% 的贡献度，随着时间的推移，其影响力有所下降，最终贡献度逐渐稳定在 20% 左右，但其始终高于央行信息披露因素。

由此可以看出，在我国，居民更加关注主流媒体发布的物价信息。当出现大量关于物价的媒体报道时，公众会感受到物价变化，改变自身对未来物价的看法。同时，央行也能够有效引导公众的预期行为，通过制定和执行货币政策，调控资金总供求来管理好通胀预期。

第四节　结论及政策建议

本章第二节在考虑各个宏观经济变量对居民通胀预期具有影响的基础上，使用 SVAR 模型实证检验了央行信息披露实际干预的政策工具在管理通胀预期时的效果。研究发现：

第一，我国居民通胀预期受城市消费价格指数以及房地产价格的影响较大，要重点关注这两个指标的变动情况，为管理通胀预期营造一个良好的宏观经济环境。

第二，央行通过发布货币政策执行报告能够减少中央银行决策层与私人部门之间的信息不对称，起到管理、引导通胀预期的作用，且时滞非常短。但正如本节由修正的 M－S 模型推导出的式（3.7）所示，由于我国央行信息披露的精确度可能不高，致使 σ_η^2 较大，$\frac{\alpha}{\alpha + \beta(1-r)} f(\sigma_\eta^2)$ 较小，因此 a_i 受公共信息 y 的影响较小。从图 3－4 中第二幅脉冲响应图也可看出，通胀预期受信息披露的冲击较实际干预来说反应程度较小，说明我国央行信息披露工具在引导、管理通胀预期效果方面能有一定的提升空间。央行可以通过披露更为准确的信息并努力做到言行一致，以提高 $f(\sigma_\eta^2)$ 的数值，扩大信息披露的影响力。

第三，实际干预工具中的利率调节对通胀预期在初期作用不明显，但在长期内作用显著；法定准备金的上调速度加快在短期内不能降低通胀预期，反而会加剧预期上升。

因此,就目前我国通胀预期管理而言,央行首先要加强对消费价格指数和房价的调控。消费价格指数反映了与居民日常生活息息相关的商品的价格,由于 CPI 的上升会直接影响到居民的日常生活开销,所以人们对日常消费品的价格非常敏感,央行要联合物价局等政府机构时时监测各类食品、日用品价格走势,打击物价炒作行为,稳定各类日常消费品的商品供给。其次,在稳定房价方面,要做好对房地产开发商的审计工作,严厉打击开发商暴利行为。继续稳步推进物业税开征工作,大力推进保障房建设,增加住房供给。再次,央行不能单一地依靠某种货币政策工具,而应综合发挥央行信息披露即时生效、长期内利率调节影响程度较强的优势,稳健地搭配使用信息披露和实际干预工具。在使用法定准备金调节工具时,切忌调节过快,以防止短期内对通胀预期管理产生负作用。我国央行既要加强自身对宏观经济走势的认知能力、判断分析能力,又要减小信息披露中的私人信息,通过提高信息披露的精确性树立央行的威信,以增强信息披露工具管理通胀预期的有效性,从而使通胀预期在短期和长期内都能得到良好的锚定。

本章第三节研究了媒体信息披露对公众通胀预期形成的影响,可以得出以下结论:

第一,我国通胀预期的变化在某种程度上是由于媒体发布众多关于物价的消息、社论等所致,在一定时期内,媒体对于通胀预期等报道的数量越多,不完全理性的消费者会更加重视这些报道,在信息不对称条件下,消费者因自身处于信息弱势而产生通胀上升的预期。

第二,我国央行信息披露对公众通胀预期的影响存在一定的滞后和波动。这个结论体现在脉冲响应函数的分析结果上,央行信息披露短期内具有生效时滞短的效果,从长期来看,对通胀预期的影响不显著。

第三,比较分析我国媒体信息披露和央行信息披露对通胀预期的影响,我们可以看出以《人民日报》为代表的媒体舆论引导效果更加明显。一份新华社关于"舆论引导有效性和影响力研究"的课题调研成果也充分表明,在我国媒体具有较强的公信力,能够被社会大多数人群关注,舆论引导成效显著。

第四，货币供给量 M_2 和一年期贷款基准利率对公众通胀预期的影响具有可持续性。这表明央行的实际货币政策操作是公众产生未来物价预期变动的重要参考指标，控制好货币供给量的变动有助于管理公众的通胀预期水平；但是货币供给量和利率变动对通胀预期的影响存在滞后性，冲击的幅度不是很大，长期内波动性逐渐变小，这在一定程度上与我国经济增长主要依靠投资拉动具有相关关系，贷款利率的变动更多地取决于货币的供给和需求，当货币供应量变动时，有很大一部分被产能过剩所吸纳。

因此，就我国管理好通胀预期而言，首先应该加强媒体舆论建设，以《人民日报》为代表的媒体应当积极回应公众的需求，主动积极地追踪报道公众关注的宏观经济热点事件和问题。其次，做好深度报道，加大舆论引导力度，要从多角度、多侧面报道经济事件，使公众能够全方位地了解我国当前宏观经济形势和物价变动情况。再次，政府要建立健全相关法律法规，加强舆论监督，健康导向，严厉打击物价虚假信息，防止谣言进一步扩散。

我国还应该进一步完善央行信息披露制度。当前，我国中央银行在货币政策制定、发布实施等方面还不够完善，当前货币政策目标是保持币值稳定，尚未明确通货膨胀目标。在货币政策中介目标和工具的选择上，我国往往是采用相机抉择的方式，致使公众无法明确未来预期，如果采用通胀目标制度，公众充分了解央行行为，那么信息披露的有效性将进一步增强。同时，要进一步提高货币政策目标的透明性，增加央行货币政策操作的灵活性；更及时地披露宏观经济运行、金融数据及预测数据，增加公众对央行政策的理解，形成良好的信息沟通机制。

我国在注重外部信息引导的同时，还应该合理运用货币投放机制并运用利率等多种货币政策工具。一方面，央行在构建货币供应增长机制时，应以经济的实际增长率作为基础，根据实际经济发展水平来制定货币供应量的浮动范围，防止货币供应过快增长带来的流动性过剩问题；另一方面，为了有效解决通胀预期的问题，中央银行需将多种货币政策工具进行有效组合，灵活运用价格和数量型工具，以此解决复杂多变的经济环境所带来的各类经济发展问题，有效控制投资需求的过快增长。

第四章

引入金融形势指数的货币政策反应函数在中国的检验

作为总量型政策的货币政策无法解决个体预期的异质性带来的问题。公众所处环境的不同以及自身能力的差异决定了通胀预期的异质性，因而公众信息集和理解加工信息方式的不同，最终导致通胀预期不同。比如同样是预期通货膨胀，公众对上升幅度以及原因的判断均不尽相同，通货紧缩亦然。因此，寻求从宏观角度获取代表整个市场参与者预期博弈结果的指数并将其纳入货币政策的制定便成为更加实际、有效的操作方法。针对具有这一性质的指数进行货币政策操作，实质上是将公众学习差异、预期异质性等众多因素同时考虑在内的有效方式。

第一节 研究概述

一、研究背景

随着我国市场化改革的稳步推进，多层次的资本市场构建取得了显著成效。

按照中国社会科学院李扬教授的解释，可以说中国的资本市场涵盖了主要行业和企业，可以反映宏观经济的基本面，能够代表国民经济的基本趋势。自1996年6月1日人民银行放开了银行间同业拆借利率起，我国利率市场化进程有序发展，利率变化影响未来实际产出并且引导通胀预期的变动。2005年7月21日起，我国开始实行以市场供求为基础、参考一篮子货币进行调节、有管理的浮动汇率制度。几年来，人民币汇率形成机制改革有序推进并取得了预期的效果。随着人民币汇率形成机制的进一步完善，实际有效汇率的变动能够引起国际收支和产出的变化，并通过汇率传递效应影响国内价格水平，汇率指数将成为更为有效的传递实际经济运行水平的重要信息。1998年房改后，我国房价连年上涨，并一直维持高位运行，房地产行业作为推动经济发展重要力量的同时，也加剧了通胀风险。房地产预期收益与通货膨胀率预期之间存在长期稳定关系（王维安等，2005），长期内，房地产价格对通货膨胀和产出产生重要影响（段忠东，2007）。我国资本市场是由政府主导的体制改革和市场自身的逐步发展共同推动的。股票资产价格的变化受多方面因素的影响，虽然股票价格的变化是否充分反映实体经济的变化仍存争论，但不可否认的是我国股票市场经历二十多年的发展，正在逐步走向有效的市场，股票市场在整个国民经济和金融体系中的地位越来越突出，股票价格变化即使不能对实体经济产生重要影响，也仍可能包含重要信息。总体来看，我国资本市场快速发展，金融体系、金融结构逐步健全和优化都为资产价格波动影响宏观经济创造了更为有利的条件。

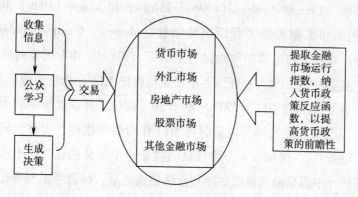

图4-1 公众学习与金融形势指数的隐含关系

作为宏观经济的"晴雨表",外汇市场、房地产市场、股票市场和其他货币市场构成的金融体系的发展状况间接反映了金融市场主体对未来经济走势的看法。从微观角度看,任何一个理性行为人在市场上表现出的经济行为都应是经由最大化自身利益的决策产生的。而决策的制定是理性行为人通过不断搜集和整理相关信息再经过加工和学习形成的。因此,金融市场价格指数蕴含着市场主体对未来宏观经济走势的判断,同时经由无数经济主体交易行为产生的金融市场价格也是市场主体自身学习的结果。因此,如果能够科学合理地提取金融市场运行指数,那么这一指数对主要宏观变量(通胀、产出等)应该具有先行预测能力。考虑到货币政策固有的内外部时滞因素,将这一前瞻型指数纳入货币政策的制定过程,对于提高货币政策的前瞻功能无疑具有重要的实践意义。

基于以上考虑,本章将首先利用包括利率、汇率、股价和房价在内的资产价格因素,构建可以反映我国整体金融宽松程度的金融形势指数,如果我国的FCI指标对于通货膨胀或者产出变量具有先导作用、能够较好地预测宏观经济金融形势,则将这一指数纳入宏观经济政策的制定中便具有重要的参考价值。为此,本章将进一步检验FCI指数在预测未来宏观经济走势方面的能力,并将其作为货币政策的参考指标纳入到货币政策反应函数,实证检验包含金融形势指数的前瞻型货币政策反应函数在中国的适用性问题。

二、文献回顾

国外方面,Eika 和 Nymoen(1996)、Ericsson 和 Jansen(1998)利用加权平均的短期利率和汇率构建了货币形势指数(Monetary Condition Index, MCI)。Ball(1999)对如何修正泰勒规则进行了研究,建议用 MCI 代替利率作为货币政策规则。实践中,加拿大和新西兰中央银行曾把 MCI 作为货币政策操作目标。国内方面,陈雨露和边卫红(2003)基于 MCI 探讨了开放经济中货币政策操作目标理论,认为我国中央银行应适时将 MCI 作为参考指标,货币当局应避免追求精确 MCI 的误区,保持在一个弹性区间将是一个更佳的选择。卜永祥、周晴(2004)在估计中国总需求曲线和菲利普斯曲线之后,综合考虑利率、汇率和货币供应量,分别定义了实际 MCI 指数和名义 MCI 指数,并建议将 MCI 指数作为我国制定货币政策时的重要参考指标。在开放经济下最优货币政策探讨的基础上，卞志村（2008）推导得到修正的 MCI，其与传统的 MCI 有着明显的区别，修正的 MCI 中实际汇率的权重取决于所有的模型参数及货币当局的偏好，通过分别构造实际 MCI 与名义 MCI，发现虽然基于传统 MCI 的货币政策操作在中国是行不通的，但可用名义 MCI 来监测通货膨胀率的变动情况，以最终提高我国货币政策的操作效率。

为了探索资产价格的货币政策信息作用，Goodhart 和 Hofmann（2000）最早提出金融形势指数，在 MCI 的基础上加入资产价格变量，即除了包含 MCI 中的短期实际利率与实际有效汇率外，还加入了房价与股价等资产价格，并指出金融形势指数对于 G7 的 CPI 通货膨胀率在样本内具有良好的预测效果。王玉宝（2005）分别用 OLS 与 VAR 方法初步估算了中国的 FCI，认为包含真实短期利率、真实汇率、真实房地产价格和真实股权价格的 FCI 可以作为货币政策的辅助参照指标。封北麟等（2006）运用 VAR 模型估计了中国的 FCI，研究表明 FCI 对通货膨胀率具有良好的预测能力。在此基础上，将 FCI 作为目标和信息变量纳入泰勒规则，结果表明 FCI 与短期利率存在正向关系，可以作为货币政策的短期指示器。何平等（2007）基于 FCI，运用 VAR 模型分别构建了包含房价与不包含房价的两个 FCI，结果表明包含房价指数的 FCI 更适合作为未来通货膨胀率的先行指标。陆军等（2007）通过一个简单的静态模型，从各变量的传导机制入手推导其在 FCI 的符号，在此基础上，通过综合总需求模型与超额需求模型构建了中国的 FCI，研究发现在样本期内 FCI 与 GDP 增长率走势较吻合，且 FCI 对 CPI 有较强的预测能力，并建议将 FCI 作为中国货币政策的一个重要参考指标。戴国强等（2009）运用 VECM 模型构建了我国的金融形势指数，比较相关研究发现我国 FCI 中汇率指标系数普遍高于国外，认为可能是人民币未国际化以及我国外贸依存度高的原因。同样，其结果也表明金融形势指数能够对通货膨胀率做出及时、有效的预测。

通过上述文献可以发现，学界已基本达成一点共识，即 FCI 包含着未来通货膨胀的信息。但是，以上文献中所估计的 FCI 的权重都是固定的，未能反映出经济和金融结构的变化。为此，王雪峰（2009）基于状态空间模型估计了中国参数时变的 FCI，同样发现 FCI 可以充当中国货币政策中介目标的辅助目标。此外，陆军等（2011）采用递归广义脉冲响应函数方法构建了中国动态金融形势指数。虽然国内出现过关于包含金融形势指数 FCI 的货币政策反应函数研究（封北麟等，2006；王彬，2009），但尚无学者将 FCI 同时纳入数量型和价格型的货币政策反应函数作对比分析。本章正是在构建我国参数时变的金融形势指数的基础上，比较分析包含 FCI 的麦克勒姆规则与泰勒规则在中国的适用性问题，从中甄别出在引入前瞻型指标之后，价格型货币政策与数量型货币政策究竟孰优孰劣。

第二节　基于状态空间模型构建 FCI

Goodhart 和 Hofmann（2001）把金融形势指数 FCI 定义成真实短期利率、真实有效汇率、真实房地产价格和真实股票价格的加权平均数，并用这个指数作为未来通货膨胀水平和经济运行情况的先行指标，其具体形式为

$$FCI_t = \sum_{i=1}^{n} \omega_{it} \times \left(\frac{\Gamma_{it} - \overline{\Gamma}_{it}}{\Gamma_{it}} \right) \tag{4.1}$$

其中，FCI_t 为 t 时刻的金融形势指数，ω_{it} 为 t 时刻 Γ_{it} 变量的权重，Γ_{it} 为 t 时刻 Γ_i 变量的取值，$\overline{\Gamma}_{it}$ 为 t 时刻 Γ_i 变量的长期均衡值，$\frac{\Gamma_{it} - \overline{\Gamma}_{it}}{\Gamma_{it}}$ 为 t 时刻 Γ_i 变量对其长期均衡值的相对偏离程度。

我们将采用同样的变量，构造中国的金融形势指数，具体形式如下：

$$FCI_t = \omega_{1t} \, ri_t + \omega_{2t} \, re + \omega_{3t} \, rh + \omega_{4t} rs \tag{4.2}$$

其中，ri 为真实利率，re 为真实有效汇率，rh 为真实房价，rs 为真实股价。

首先，借鉴 Goodhart 和 Hofmann（2001）的简化总需求方程构建状态空间模型，设定量测方程为

$$Y_t = c + \sum_{j=1}^{m} \alpha_j Y_{t-j} + \sum_{i=1}^{p} \sum_{k=1}^{n} \beta_{ik} X_{i,t-k} + \varepsilon_t \tag{4.3}$$

其中，Y_t 代表产出变量，Y_{t-j} 表示产出的 j 期滞后变量，$X_{i,t-k}$ 为自变量 i 的第 k 期滞后变量，α_j、β_{ik} 为各变量系数。

状态方程设为

$$\alpha_j = A_1 \alpha_{j-1} + u_1 \tag{4.4}$$

$$\beta_{ik} = A_2\beta_{ik-1} + u_2 \tag{4.5}$$

其中，A_1、A_2 分别为参数 α_j、β_{ik} 的系数向量，u_1、u_2 为白噪声序列。在以方程式（4.3）、式（4.4）和式（4.5）构成的状态空间模型基础上，可以利用卡尔曼滤波算法计算出时变参数，最后确定 FCI 中各个变量的权重。为了更恰当地体现资产价格因素对总需求的影响，本节尝试将简化总需求方程的产出变量滞后期系数纳入到权重计算公式的分母中，具体形式为

$$\omega_i = \frac{\sum\limits_{k=1}^{n}\beta_{ik}}{\sum\limits_{j=1}^{m}\alpha_j + \sum\limits_{i=1}^{p}\sum\limits_{k=1}^{n}|\beta_{ik}|} \tag{4.6}$$

一、数据选取与处理

以季度数据为样本，相关变量的数据取 1996 年第一季度至 2011 年第四季度，样本容量为 64。除了利率外，各变量都进行了对数化处理。实际有效汇率数据源自国际货币基金组织的《国际金融统计》，其他原始数据均取自中经网。

（1）真实通货膨胀。利用 CPI 代替真实通货膨胀水平。由于我国并没有编制定基 CPI，因此我们利用 CPI 月度环比计算出月度 CPI，再对其取算术平均数得到季度 CPI，选取 1995 年第四季度为基期。

（2）真实产出。将季节调整后的名义 GDP 除以定基 CPI 作为真实产出的代理变量。

（3）实际短期利率。名义利率数据采用七天期银行间同业拆借利率的季度平均数，真实短期利率由名义利率减去当期 CPI 通胀率水平计算求得。

（4）真实有效汇率。选取国际货币基金组织在《国际金融统计》中公布的人民币真实有效汇率。

（5）房地产价格。选取国房景气指数中的房地产销售价格指数作为房地产价格的代理指标。

（6）股票价格。采用上证综指每季度最后一个交易日收盘价格作为名义股票价格指数代理指标，并通过上证综指除以当期 CPI 计算得到真实股票价格指数。

二、实证分析

（一）平稳性检验

为了避免宏观经济变量的不平稳产生伪回归，我们首先采用单位根检验判断数据的平稳性。利用 ERS 点最优检验判断数据的平稳性，发现经季节差分后各变量均平稳（见表 4 - 1），可以有效避免伪回归。

表 4 - 1　　　　　　　　　季节差分后各变量的平稳性检验

变量	ERS 统计值	检验形式	平稳性
$\Delta_4 lncpi$	0. 959 ***	(C, 0, 2)	平稳
$\Delta_4 lngdp$	2. 533 **	(C, 0, 0)	平稳
$D_4 ri$	1. 133 ***	(C, 0, 5)	平稳
$\Delta_4 lnre$	3. 165 *	(C, 0, 0)	平稳
$\Delta_4 lnrs$	6. 430 *	(C, T, 3)	平稳
$\Delta_4 lnrh$	0. 207 ***	(C, 0, 5)	平稳

注：Δ_4 表示季节差分；＊、＊＊和＊＊＊分别表示10%、5%和1%的显著性水平；（C，T，L）中的 C 表示 ERS 最优点检验时的常数项，T 表示趋势项（T = 0 表示不含趋势项），L 表示滞后阶数。

（二）构建 FCI

表 4 - 1 显示，各变量稳定性良好，这说明本节的状态空间模型不会产生伪回归。为了确定式（4.3）中各变量具体的滞后形式，我们采取从一般到特殊的方法，得出了量测方程的具体形式：

$$\Delta_4 lngdp = c(1) + sv7 \times \Delta_4 lngdp(-7) + iv1 \times \Delta_4 ri(-1) + ev8 \times \Delta_4 lnre(-8)$$
$$+ gv1 \times \Delta_4 lnrs(-1) + fv2 \times \Delta_4 lnrh(-2) + [var = \exp(c(2))] \quad (4.7)$$

相应地，状态方程的递归形式如下：

$$sv7 = sv7(-1)$$
$$iv1 = iv1(-1)$$
$$ev8 = ev8(-1) \quad\quad (4.8)$$
$$gv1 = gv1(-1)$$
$$fv2 = fv2(-1)$$

其中，$sv7$、$iv1$、$ev8$、$gv1$ 和 $fv2$ 为量测方程（4.7）中各相应变量的时变系

数。由卡尔曼滤波算法对状态空间模型进行估计，估计结果见表4-2。

表4-2 卡尔曼滤波算法估计结果

因变量	$\Delta_4 \ln gdp$				
自变量系数	C（1）	$sv7$	$iv1$	$ev8$	$gv1$	$fv2$
最终系数	9.179	0.204	-0.245	-0.115	0.025	0.067
Z检验量	8.04***	11.12***	-2.68***	-2.98***	4.83***	1.92**
极大似然值	-147.85					
AIC值	5.764					
SC值	5.839					

注：*、**、***分别表示10%、5%和1%的显著性水平。

由表4-2可知，式（4.3）的各变量系数都已通过显著性检验，极大似然值也很大，而赤池信息量（AIC）和施瓦茨信息量（SC）分别为5.764和5.839，在所有模型形式中为最小，表明模型的统计性能良好。

利用式（4.3）估算出来的各变量时变参数，再结合方程（4.6）给定的FCI中各变量时变权重的计算公式，我们求得了各变量的相应时变权重，如图4-2所示。由图4-2可以清晰地看到，各变量对FCI的贡献度不是固定的，而是动态变化的，总体来讲，各变量符号也与经济意义基本相符。房地产价格、

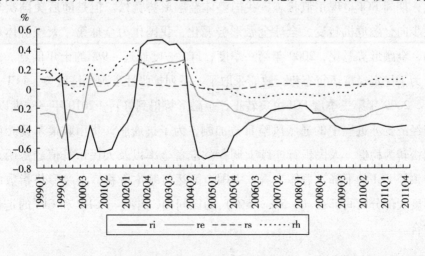

图4-2 FCI中各变量的时变权重

股票价格的上升会通过财富效应、托宾 Q 效应以及信贷渠道带动宏观经济走向扩张，导致金融扩张；而利率的提高和汇率的升值是典型的金融收缩行为，无疑会导致 FCI 的下行。从图 4 - 2 还可以得出，在样本观测期内，股票市场对 FCI 的影响相对较小。这表明随着资本市场的进一步发展，其对金融形势的影响有较大上升空间。

知道各变量的权重，我们就可求得 FCI，如图 4 - 3 所示①。1999 年前两个季度国内国际因素共同推动 FCI 上扬：一方面为治理亚洲金融危机所引发的通货紧缩，我国实施了扩张性的货币政策，1998 年末人民银行开始降息；另一方面，由于盯住单一美元货币，1998 年末由于部分国家汇率对美元汇率回升间接导致我国实际有效汇率下降。不过到了 1999 年下半年，FCI 下行，金融形势趋紧，这可能是因为亚洲金融危机后房地产市场持续低迷。2000 年末美元逐步走强而导致人民币实际有效汇率上升，带动金融形势趋紧。2002 年末至 2004 年末，FCI 虽为负值，但呈现上扬趋势，这主要由于自 2002 年第二季度，美元持续两年的下跌趋势带动人民币贬值，以及 2003 年 SARS 期间的银行信贷猛增及其年末开始的房价攀升。2005 年第二季度到 2006 年第三季度期间，FCI 呈现负值状态，表示当时我国整体金融形势趋紧。2006 年第三季度到 2007 年第四季度，中国股市迎来了繁荣期，2007 年 10 月 16 日股市达到了 6124.04 点的历史高点，期间 FCI 呈现正值状态，我国整体金融形势宽松。但是随后美国次贷危机逐步向金融危机转变，全球金融形势恶化，我国作为全球第二大经济体难脱影响，金融形势恶化，2009 年第一季度，FCI 一度逼近 -9% 的十年低点。紧接着，为了稳定经济运行态势，政府采取了一系列扩张性宏观经济政策，FCI 止跌上升，2009 年第三季度 FCI 由负转正，金融形势得到好转。2010 年一季度以后，随着经济复苏进程中的通胀风险日益加剧，为了抗通胀，货币政策基调相应地由宽松转为稳健，人民银行连续上调存款准备金率以及人民币升值趋势明显共同导致了 FCI 的下降。总体来看，中国金融运行基本平稳，金融形势指数的波动幅度大部分时间都在（-5%，5%）的区间内，并且与 GDP 和 CPI 的走势基本吻合。

---

① 图 4 - 3 中将 FCI 值与零值比较，零以上部分表示金融形势宽松，零以下部分表示金融形势趋紧。

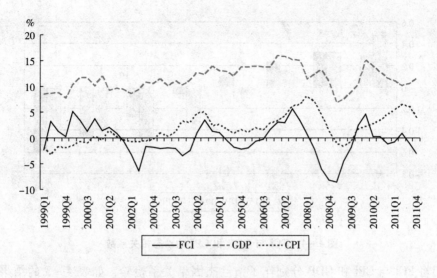

图 4 - 3　金融形势指数 FCI

（三）FCI 与 CPI 和 GDP 的检验结果

FCI 是由利率、汇率、房价和股价按照一定权重求得的，包含了资产价格因素。构建 FCI 的一个主要目的就是通过检验其是否包含未来经济趋势的信息，该指数能否作为未来宏观经济趋势的先行指标，对央行宏观政策的有效性具有重要意义。

1. 动态相关性。时间序列分析中，判断一个变量对其他变量的预测能力，变量间的相关性是一个重要指标。为此，我们计算了不同滞后期 FCI 与通货膨胀和 GDP 之间的相关系数（见图 4 - 4）。图 4 - 4 显示，本期的 FCI 与 1 个季度后的实际 GDP 相关系数达到最高（0.469），与其他各季度后的 GDP 相关系数呈现逐渐下降的趋势，在 4 个季度后为负值；与 CPI 的相关系数总体上也为下降趋势，与 2 个季度后 CPI 的相关系数达到最高值 0.319，与 5 个季度后的 CPI 相关系数皆为负值。这表明 FCI 作为反映整体金融宽紧程度的指标，对未来宏观经济信息进行预测时，短期内较为准确，但长期稳定性不足，一定程度上可以作为中央银行调控通货膨胀和保持经济平稳增长的指示器。

2. 因果检验。图 4 - 4 揭示了 FCI 与 GDP 和 CPI 的动态相关系数，只能说明它们具有一定的相关性，它们之间是否存在因果关系还需要严格的检验。为此，

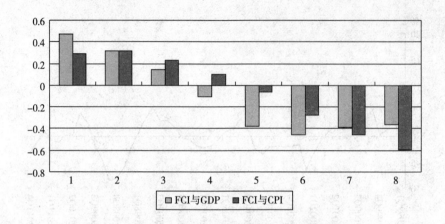

图 4 - 4　FCI 与 GDP 和 CPI 的动态相关系数

我们将 FCI 与 CPI 和 GDP 分别作了格兰杰因果关系检验，如表 4 - 3 的结果显示，在 5% 与 10% 的显著性水平下，FCI 分别是 CPI 和 GDP 的格兰杰原因。随后，我们构造两变量 VAR 模型，观察 CPI 和 GDP 对 FCI 变化的脉冲响应（如图 4 - 5 所示）。基于 VAR（2）模型的脉冲响应检验显示，CPI 和 GDP 均对来自 FCI 的冲击产生了较为显著的脉冲响应。其中，CPI 对 FCI 的脉冲响应在 2 个季度后达到高点，9 个季度后逐渐消失并趋于平稳；GDP 对 FCI 的脉冲响应在 2 个季度后达到高点，7 个季度后影响显著减少，最终呈现趋零的收敛趋势。这再次表明 FCI 作为反映金融形势宽松程度的指标，包含着未来宏观经济信息，其变动可以影响未来通胀和产出水平，一定程度上可以作为中央银行调控通货膨胀和保持经济平稳增长的指示器。

表 4 - 3　　　　　　　　　**FCI 与 GDP 和 CPI 的格兰杰因果检验**

原假设	滞后值	F 统计量	P 值
FCI 不是 *CPI* 的格兰杰原因	1	4. 743 **	0. 034
CPI 不是 *FCI* 的格兰杰原因		5. 094 **	0. 029
FCI 不是 *GDP* 的格兰杰原因	1	3. 963 *	0. 052
GDP 不是 *FCI* 的格兰杰原因		0. 979	0. 327

　　注：*、＊＊、＊＊＊分别表示该指标在 10%、5%、1% 水平上显著。

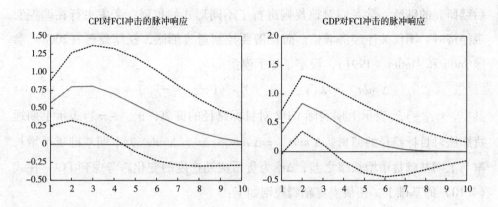

图 4 - 5　CPI 和 GDP 对 FCI 冲击的脉冲响应

第三节　包含 FCI 的货币政策反应函数

货币政策反应函数是一种外生设定的货币政策规则，主要指货币当局通过承诺的货币政策工具对与货币政策目标紧密相关的主要经济变量做出反应的货币政策规则，主要有价格型和数量型之分，如泰勒规则（Taylor，1993、1999）和麦克勒姆规则（McCallum，1988、1997）。资产价格包含未来产出与通货膨胀的有用信息，本节构建的 FCI 作为各资产价格的综合测度，实证研究已表明其包含着未来宏观经济信息，可以作为货币政策的重要参考指标。接下来我们进一步尝试将 FCI 纳入到货币政策反应函数中，以泰勒规则和麦克勒姆规则为基础，对比研究价格型和数量型货币政策规则在中国的适用性问题，从中甄选出最优货币政策。

一、包含 FCI 的麦克勒姆规则

麦克勒姆规则是麦克勒姆（1984）提出的一种以名义收入为目标、以基础货币为操作工具的货币政策工具规则，其形式可表达为

$$\Delta b_t = \Delta b_{t-1} + \lambda (x_{t-1} - x_{t-1}^*), \lambda < 0 \qquad (4.9)$$

其中，b_t 是 t 期的基础货币对数值，x 为名义 GNP 对数，x^* 为 x 的目标路径值，λ 是客观选择的系数，作为基础货币增长对名义 GNP 偏离值的反应系数。随着

后续研究的继续，学者们对该规则进行了不同形式的扩展。考虑央行在调控宏观经济时，不仅关注经济增长，而且需要控制通货膨胀，江曙霞等（2008）参照 Judd 和 Motley（1991），设定了如下模型：

$$\Delta mbr_t^* = \lambda(y_{t-1} - y_{t-1}^*) + \gamma(\pi_{t-1} - \pi_{t-1}^*) + \varepsilon_t \tag{4.10}$$

其中，$y_{t-1} - y_{t-1}^*$ 表示上期实际 GDP 对目标路径的偏离，$\pi_{t-1} - \pi_{t-1}^*$ 表示上期通货膨胀对目标路径的偏离。$\Delta mbr_t^* = \Delta mbr_t - \Delta v_t$，$\Delta mbr_t$ 为本期基础货币增长率与上期基础货币增长率之差，Δv_t 为货币流动速度的变化。考虑到 FCI，在式（4.10）的基础上，拓展麦克勒姆规则如下：

$$\Delta mbr_t^* = \lambda(y_{t-1} - y_{t-1}^*) + \gamma(\pi_{t-1} - \pi_{t-1}^*) + \tau(f_{t-1} - f_{t-1}^*) + \varepsilon_t \tag{4.11}$$

其中，$f_{t-1} - f_{t-1}^*$ 为上期 FCI 对目标路径的偏离。实证分析中，我们沿用本章第二节相关数据[①]，运用 Eviews 6.0 对式（4.11）中各变量系数值进行 GMM 估算，估计结果见表 4-4。

表 4-4 包含 FCI 的麦克勒姆规则的 GMM 估计结果

λ	γ	τ	调整 R^2	DW 值
-0.371	-0.504 **	0.987 ***	0.296	1.997

注：①工具变量分别选取产出缺口、通胀率缺口和 FCI 缺口的一期滞后值，表中第二行为估计系数。

②*、**、***分别表示该指标在 10%、5%、1% 水平上显著。

二、包含 FCI 的泰勒规则

泰勒规则最初是由泰勒（1993）提出的，其简单形式可表述为

$$i_t^* = r^* + \pi_{t-1} + \alpha_1(\pi_{t-1} - \pi_{t-1}^*) + \alpha_2(y_{t-1} - y_{t-1}^*) \tag{4.12}$$

其中，i_t^* 表示名义联邦基金利率，r^* 表示均衡的实际联邦基金利率，π_t 表示前 4 个季度的平均通货膨胀率，π^* 表示目标通货膨胀率，$y_{t-1} - y_{t-1}^*$ 表示上期实际 GDP 对其目标路径的偏离。考虑到加入 FCI，拓展泰勒规则式（4.12）如下：

---

① 这里比本章第二节增加了两组数据：基础货币，即央行资产负债表中的储备货币；货币流通速度，由 $V = $ 名义 GDP/M 计算求得。在进行 GMM 估计前，已对各变量进行平稳性检验，皆为平稳数据，限于篇幅，没有列出。

$$i_t^* = r^* + \pi_{t-1} + \alpha_1 \left(\pi_{t-1} - \pi_{t-1}^* \right) + \alpha_2 \left(y_{t-1} - y_{t-1}^* \right) + \alpha_3 \left(f_{t-1} - f_{t-1}^* \right)$$

$$(4.13)$$

其中，$f_{t-1} - f_{t-1}^*$ 为上期 FCI 对目标路径的偏离。由于保持利率运动的方向能维护中央银行的信誉（Williams，1999）以及考虑到实际经济运行的非确定性，中央银行将倾向于通过缓慢调整利率以实现调控目标，中央银行在调整利率水平时一般会遵循平滑行为：

$$i_t = \rho i_{t-1} + (1 - \rho) i_t^* + \varepsilon_t \qquad (4.14)$$

其中，参数 $\rho \in (0,1)$，反映平滑程度，ε_t 为白噪音扰动项，i_t 为货币当局设定的当前利率水平。考虑到利率平滑行为，把式（4.13）代入式（4.14），有

$$i_t = \beta_0 + \rho i_{t-1} + (1 - \rho) \pi_{t-1} + \beta_1 \left(\pi_{t-1} - \pi_{t-1}^* \right)$$

$$+ \beta_2 \left(y_{t-1} - y_{t-1}^* \right) + \beta_3 \left(f_{t-1} - f_{t-1}^* \right) + v_t \qquad (4.15)$$

其中，$\beta_0 = (1 - \rho) r_t^*$，$\beta_1 = (1 - \rho) \alpha_1$，$\beta_2 = (1 - \rho) \alpha_2$，$\beta_3 = (1 - \rho) \alpha_3$。设 Ω_t 是中央银行决定利率时的信息集合向量，则式（4.15）存在隐含的正交条件 $E(v_t \mid \Omega_t) = 0$。同样，运用 Eviews6.0 对式（4.15）中各变量系数值进行 GMM 估算，估计结果见表 4-5。

表 4-5　　　　　　　　包含 FCI 的泰勒规则的 GMM 估计结果

平滑系数 ρ	β_1	β_2	β_3	调整 R^2	DW 值
0.884 ***	-0.059 ***	0.030	0.053 *	0.888	1.420

注：①工具变量分别选取各变量一期滞后值，表中第二行为估计系数。

②*、＊＊、＊＊＊分别表示该指标在 10%、5%、1% 水平上显著。

三、比较分析：数量型还是价格型

就麦克勒姆规则而言，其内在稳定条件为 $\lambda < 0$，$\gamma < 0$，$\tau < 0$，因为当 GDP 增长率小于目标值或通货膨胀率小于目标通货膨胀率时，在其他条件不变的情况下，为稳定宏观经济运行，货币当局应采取逆周期的货币政策，通过增加基础货币投放来改善宏观经济环境。表 4-4 显示，我国中央银行在调整基础货币时，对产出缺口和通胀缺口的反应系数分别为 -0.371 和 -0.504，符合麦克勒姆规则的稳定性要求，但产出缺口系数不显著；对 FCI 缺口代表的金融形势宽

松度的反应系数为 0.987，这是一种顺周期的货币政策行为，没能起到稳定市场波动的逆周期效果。我们认为由于外汇储备占款等问题，我国基础货币投放的内生性可能是导致这种现象的一个重要原因。

包含 FCI 的泰勒规则估计结果如表 4-5 所示，利率对 FCI 代表的金融整体形势的反应系数为 0.053，表明在产出缺口和通货膨胀率保持不变的情况下，当金融整体形势高于其长期趋势或均衡水平 1% 时，中央银行将提高名义短期利率约 0.053%，显然这是一种逆周期的货币政策行为，对金融市场而言，是一种稳定化政策；利率对通胀缺口的反应系数为 -0.059，这是一种顺周期行为，不具备内在稳定性；利率对产出缺口的反应系数虽然为正，符合泰勒规则的稳定性要求，但是估计结果显示系数不显著。总体来说，如果仅考虑调整的拟合优度，可以得出包含 FCI 的泰勒规则拟合（0.888）效果良好，能够很好地描述我国短期利率具体走势的结论，但是如果综合考虑利率对各变量偏离均衡时的反应系数，我们会发现，泰勒规则在我国货币政策实践中，同样缺乏内在稳定性。

第四节　结论及政策建议

本章利用状态空间模型构建了时变系数的金融形势指数（FCI）。研究发现，这一指数较好地反映了我国经济金融形势的变化。实证表明，作为各资产变量综合测度的 FCI，包含着未来宏观经济信息，监测对产出和通胀有预示作用的 FCI，有助于央行及时采取措施控制物价波动，保持经济平稳较快增长。

随后，本章将 FCI 纳入到货币政策反应函数中，以泰勒规则和麦克勒姆规则为基础，对比研究价格型和数量型货币政策规则在中国的适用性问题。结果表明：

第一，较纳入 FCI 的麦克勒姆规则而言，泰勒规则对以综合各类资产价格的 FCI 为代表的整体金融形势作出了逆周期的政策反应，表明目前条件下，价格型货币政策操作规则在我国货币政策的资产价格传递效应较为理想。

第二，纳入 FCI 的麦克勒姆规则和泰勒规则 GMM 估计的调整拟合优度分别为 0.296 和 0.888，很明显，从模型拟合效果角度看，较麦克勒姆规则而言，泰勒规则在我国的货币政策实践中具有更好的适用性。

第三，虽然纳入 FCI 的泰勒规则中各变量的系数具有一定的不稳定性，但是产出缺口和金融形势指数缺口的反应系数均为正，我们相信随着利率市场化改革的不断推进，泰勒规则将能更好地刻画我国货币政策的变化规律。

着眼长远，我们认为，随着各类金融创新快速发展、弹性汇率制度的逐步建立和利率市场化改革的不断推进，资产价格在货币政策传导中会发挥更为重要的作用，价格型工具将会成为未来中国货币政策的主要调控手段。FCI 综合反映了金融市场的宽松程度，较包含 FCI 的麦克勒姆规则而言，包含 FCI 的泰勒规则将会在我国未来货币政策实践中发挥重要作用。

第五章

中国货币政策工具的选择

第一节　研究概述

　　党的十八届三中全会提出要完善人民币汇率市场化形成机制，加快推进利率市场化，健全反映市场供求关系的国债收益率曲线。随着改革的逐步深化，稳步推进利率汇率市场化成为必然要求。与此同时，中国货币政策工具的选择是否也要发生相应变化?《金融业发展和改革"十二五"规划》明确提出:"推进货币政策从以数量型调控为主向以价格型调控为主转型。"在此转型要求的背后，主要是由于随着金融创新越来越多，我国所面临的经济形势越来越复杂，数量型工具的调控能力受到了广泛质疑。

　　其实，20世纪80年代以来，很多主要的市场经济国家如英国、美国，在利率市场化的过程中也都经历了货币政策工具从数量型为主到价格型为主的转变。这种转变一方面是由于数量型工具的有效性有所降低;另一方面，则是由于价格型工具相对于数量型工具更加透明，能更好传递信息并起到引导公众预期的作用。其实数量型工具本身也会对利率产生明显影响，数量关系最终也会通过货币供求等相互作用反映到利率上，因此更多关注利率这一价格信号，放弃或降低数量型指标在货币调控中的重要性，也是一种必然趋势（贺聪等，2013）。

　　然而，我国目前的货币政策操作仍然是以数量型为主、价格型为辅。2006年到2008年上半年，中国人民银行先后18次上调存款准备金率（胡志鹏，2012）以调控货币总量。其后在应对全球金融危机冲击的特殊情况下，2008年下半年人民银行又4次下调存款准备金率（张晓慧，2011）。此外，我国还实施了4万亿元的经济刺激政策，2009年和2010年的新增贷款高达9.6万亿元和8万亿元。2011年，由于面临严峻的物价上涨压力，人民银行又先后6次上调存款准备金率（项卫星和李宏瑾，2012）。其间，人民银行还综合运用了公开市场操作、再贷款和再贴现等手段，也多次对存贷款利率进行调控。整体来看，在这轮金融危机前后，我国货币政策操作明显表现出以数量型调控为主的特征。

　　胡志鹏（2012）指出我国货币政策操作的现状是由当前经济金融体制所决定的，他认为我国企业、商业银行等在很大程度上受到行政性指令的影响，使得信贷额度等具有行政色彩的数量型工具更有效；且由于汇率相对稳定，为对冲外汇流入，就要保证基础货币的适度增长；还有银行资产质量等问题也限制了对存贷款基准利率的调整。林毅夫（2009）则认为我国金融市场的扭曲与很多国有企业缺乏自生能力有很大关系，他认为金融市场上表现出的各种乱象与金融市场承担着补贴国有企业的政策性负担、缺乏公平竞争的市场环境和健全的法制等因素有直接和间接的关系。以上这些因素都使得我国价格型工具在使用时面临着诸多约束，而当数量型工具的调控效果一旦达不到目标时，政府往往就会寻求行政力量的干预。虽然数量型工具与行政手段的结合可能会产生一定的政策合力，但同时也会产生政策效果不易把握，政策力度波动过大和制度安排不稳定等问题（周小川，2013）。

　　国际金融危机爆发以来，国内各界人士普遍呼吁进一步深化利率市场化改革，对价格型工具的呼声也越来越高。国内学者对价格型货币政策操作也进行了大量研究，更有一些学者以新凯恩斯模型对价格型与数量型货币政策调控绩效进行了比较。谢平和罗雄（2002）首次将中国货币政策运用于检验泰勒规则，认为泰勒规则可以很好地衡量我国货币政策。卞志村（2006）、张屹山和张代强（2007）、刘金全和张小宇（2012）等从不同角度拓展了泰勒规则在中国的适应性研究，发现泰勒规则虽然可以描述我国银行间同业拆借利率的走势，但这一规则是不稳定的。然而石柱鲜、孙皓和邓创（2009）的分析表明，泰勒规则中通胀缺口的系数为1.766，产出缺口系数为0.2533，该规则是稳定的。陈昆亭和龚六堂（2006）、王文甫（2010）等在对DSGE模型参数校准时也都采用了稳定的泰勒规则。

Zhang（2009）、马文涛（2011）和王君斌等（2013）等则分别提供了改进的泰勒规则，并以中国实际数据进行了估计，运用于DSGE模型中可以得到唯一稳定解。Zhang（2009）的研究表明价格型工具在管理宏观经济方面比数量型工具更有效，如果利率对通胀的反应更为强烈，经济波动则会降低。马文涛（2011）在Zhang（2009）的基础上引入了贸易顺差、金融加速器等因素，从货币政策的冲击效应、非政策冲击下宏观经济波动幅度以及中央银行损失函数等三个方面比较了两种类型工具的调控绩效，发现价格型工具优于数量型工具。王君斌等（2013）分别使用SVAR和DSGE模型，都得到价格型工具较数量型工具更优的结论。同样认为货币政策工具应向价格型为主转型的文献还有项卫星和李宏瑾（2012）、鄢莉莉（2012）以及胡志鹏（2012）等。

也有一些学者认为数量型工具更优。盛天翔和范从来（2012）构建状态空间模型的研究表明，整体而言，在取消贷款规模控制后，通过数量型工具调节商业银行资金来源、改变贷款创造能力、控制贷款供给比通过价格型工具调控信贷总量更有效。刘喜和等（2014）的研究表明，如果货币政策的目标是治理通货膨胀，数量型与价格型货币政策的作用效果差异不大；如果货币政策的目标是解决经济增长问题，那么数量型规则的效果强于价格型规则。此外，李春吉和孟晓宏（2006）、王国刚（2012）等也认为数量型货币政策规则更适合我国的具体情况。

岳超云和牛霖琳（2014）则指出数量型规则在整体上更能解释我国的货币政策，认为在利率市场化完全实现以前，仍应坚持综合运用两种货币政策工具。Liu和Zhang（2007）、张杰平（2012）、马亚明和刘翠（2014）等认为包含利率和货币供给量的混合型货币政策规则最适合我国目前的国情。马亚明和刘翠（2014）的研究还表明，无论是利率规则、货币供应量规则还是混合规则，前瞻型的货币政策规则均比当期型和后顾型货币政策规则更适合我国的具体情况。

可见，关于货币政策工具的选择问题，国内学者的意见并未达成一致。与众多学者追求愈加复杂的 DSGE 建模不同，本章将从较为传统的新凯恩斯主义 DSGE 模型出发，来探讨中国货币政策操作的本质问题。鉴于国内学者对数量型与价格型货币政策反应函数的研究较多，本章就不再针对不同反应函数进行估计，而是直接进行参数校准。本章具体结构安排如下：第二节为模型的建立，从微观角度推导出动态 IS 曲线、混合新凯恩斯菲利普斯曲线，并分别列出我国数量型工具和价格型工具的具体形式；第三节进行参数校准，并实证分析不同经济情况下，通货膨胀率和产出缺口的脉冲响应，检查数量型工具和价格型工具的调控效果；第四节为结论。

第二节　DSGE 模型的建立

一、家庭

代表性家庭的效用函数由消费 C_t、实际货币余额 M_t/P_t 和闲暇时间（$1 - N_t$）来定义，其中 N_t 是劳动时间。家庭的目标函数为

$$E_t \sum_{i=0}^{\infty} \beta^i \left[\frac{C_{t+i}^{1-\sigma}}{1-\sigma} + \frac{\delta}{1-b} \left(\frac{M_{t+i}}{P_{t+i}} \right)^{1-b} - \chi \frac{N_{t+i}^{1+\eta}}{1+\eta} \right] \tag{5.1}$$

其中，β 为主观贴现因子，σ 为跨期替代弹性的倒数，b 为货币需求利率弹性的倒数，η 为劳动力供给弹性的倒数。C_t 采取 Dixit – Stigliz 的形式：$C_t = \left[\int_0^1 C_{jt}^{(\theta-1)/\theta} dj \right]^{\theta/(\theta-1)}$，其中需求弹性 $\theta > 1$。

家庭所面临的预算约束为

$$C_t + \frac{M_t}{P_t} + \frac{B_t}{P_t} = \left(\frac{W_t}{P_t} \right) N_t + \frac{M_{t-1}}{P_t} + R_{t-1} \left(\frac{B_{t-1}}{P_t} \right) + \Pi_t \tag{5.2}$$

其中，W_t 为名义工资，B_t 为家庭持有的一期债券，R_t 为总收益率，Π_t 表示从企业得到的真实利润。在预算约束下，求一阶条件并对数线性化可得

$$c_t = E_t(c_{t+1}) - \frac{1}{\sigma}(i_t - E_t(\pi_{t+1})) \tag{5.3}$$

$$m_t - p_t = \frac{\sigma}{b} c_t - \frac{1}{b i_{ss}} i_t \tag{5.4}$$

$$w_t - p_t = \eta n_t + \sigma c_t \tag{5.5}$$

其中 c_t、w_t、p_t、n_t、m_t 等所有小写形式的变量均为其偏离各自稳态值的比率，i_{ss} 表示名义利率的稳态值，$\pi_t = p_t - p_{t-1}$ 表示通货膨胀率。式（5.3）是代表性家庭跨期最优消费选择的欧拉条件，式（5.4）表示对实际货币余额的需求，式（5.5）表示劳动供给数量是实际工资的函数。

二、企业

短期内忽略资本存量的影响，假定第 j 种消费品生产企业的生产函数为

$$Y_{jt} = Z_t N_{jt} \tag{5.6}$$

其中，Z_t 为生产投入的技术。根据 Calvo（1983），本节假定每一期有 $1 - \omega$ 比例的企业可以调整其价格，其余 ω 比例的企业无法调整其产品定价，且 ω 独立于历史更新次数。这样根据此粘性价格的假定，可以知道消费品价格指数满足如下表达式：

$$p_t = \omega p_{t-1} + (1 - \omega) p_t^* \tag{5.7}$$

p_t^* 表示所有在 t 期可以调整价格的企业设定的新价格。

陈彦斌（2008）以及卞志村和高洁超（2013）等认为混合新凯恩斯菲利普斯曲线更适合中国实际，本节参照 Gali 和 Gertler（1999）假设企业分为两类：有 $1 - \gamma$ 比例的企业为前瞻型企业，γ 比例的企业为后顾型企业。前瞻型企业在每次定价时，都会按照最大化期望利润现值的原则来确定其产品价格 p_t^f，而后顾型企业只依据简单规则来定价 p_t^b。这样有

$$p_t^* = \gamma p_t^b + (1 - \gamma) p_t^f \tag{5.8}$$

具体分析前瞻型企业的定价过程，该类企业最大化其期望利润现值：

$$\max_{p_t^f} E_t \sum_{i=0}^{\infty} \omega^i \Delta_{i,t+i} \left[Y_{jt+i} \left(\frac{P_t^f}{P_{t+i}} - MC_{t+i} \right) \right]$$

其中，贴现因子 $\Delta_{i,t+i}$ 由 $\beta^i (C_{t+i}/C_t)^{-\sigma}$ 给定，MC_t 表示企业所面临的实际边际成本。再考虑到企业面临需求曲线的约束和均衡条件 $Y_{jt+i} = C_{jt+i}$，求一阶条件并对数线性化可得

$$p_t^f = (1 - \omega\beta) \sum_{i=0}^{\infty} (\omega\beta)^i E_t (mc_{t+i} + p_{t+i}) \tag{5.9}$$

后顾型企业的定价直接表示成上期设定价格与上期通胀率之和：

$$p_t^b = p_{t-1}^* + \pi_{t-1} \tag{5.10}$$

综合前瞻型和后顾型企业的定价行为可得通货膨胀率对其稳态偏离的表达式为

$$\pi_t = \zeta_1 E_t \pi_{t+1} + \zeta_2 \pi_{t-1} + \zeta_3 mc_t \tag{5.11}$$

其中，$\zeta_1 = \dfrac{\omega\beta}{\omega + (1-\omega)\gamma + \omega\beta\gamma}$，$\zeta_2 = \dfrac{\gamma}{\omega + (1-\omega)\gamma + \omega\beta\gamma}$，$\zeta_3 = \dfrac{(1-\omega)(1-\gamma)(1-\omega\beta)}{\omega + (1-\omega)\gamma + \omega\beta\gamma}$。

而 $mc_t = (\sigma + \eta)[y_t - y_t^f]$，$y_t^f = \left(\dfrac{1+\eta}{\sigma+\eta}\right)z_t$ 代表灵活价格时的产出，将此式代入式 (5.11)，便可得到产出缺口形式的混合新凯恩斯菲利普斯曲线，加入随机扰动项 s_t 后有

$$\pi_t = \zeta_1 E_t \pi_{t+1} + \zeta_2 \pi_{t-1} + \zeta_4 x_t + s_t \tag{5.12}$$

其中，$\zeta_4 = \zeta_3(\sigma + \eta)$，$x_t = y_t - y_t^f$ 表示产出缺口。假定 s_t 服从一阶自回归过程：$s_t = \rho_s s_{t-1} + \varepsilon_{st}$，$\rho_s$ 为自回归系数，ε_{st} 为白噪声干扰。

此外，将 $c_t = y_t$ 代入式 (5.3) 可得到动态的 IS 曲线：

$$x_t = E_t(x_{t+1}) - \frac{1}{\sigma}(i_t - E_t(\pi_{t+1})) + d_t \tag{5.13}$$

其中，$d_t = E_t y_{t+1}^f - y_t^f$，只取决于外生生产率冲击。假定 d_t 服从一阶自回归过程：$d_t = \rho_d d_{t-1} + \varepsilon_{dt}$，$\rho_d$ 为自回归系数，ε_{dt} 为白噪声干扰。

三、货币当局

货币政策操作分为数量型和价格型。首先分析数量型工具，根据式 (5.4) 我们知道 $m_t - p_t = \dfrac{\sigma}{b}c_t - \dfrac{1}{bi_{ss}}i_t$，用 $m_{rt} = m_t - p_t$ 表示实际货币余额对其稳态值的偏离，且货币增长率满足 $g_t = m_t - m_{t-1}$，则有

$$m_{rt} = \frac{\sigma}{b}c_t - \frac{1}{bi_{ss}}i_t \tag{5.14}$$

$$m_{rt} = m_{rt-1} - \pi_t + g_t \tag{5.15}$$

其中式（5.14）表示的是 LM 曲线，式（5.15）将货币供给过渡到货币增长率。

结合货币政策调控存在一定的平滑性特点，根据 Zhang（2009）、李成等（2011）和张金城（2014）等假设货币增长率满足如下形式：

$$g_t = l_1 g_{t-1} - l_2 E_t \pi_{t+1} - l_3 x_t + \chi_{m,t} \tag{5.16}$$

即货币增长率的调节主要参照预期通胀率和产出缺口。假定 $\chi_{m,t}$ 服从一阶自回归过程：$\chi_{m,t} = \rho_m \chi_{m,t-1} + \varepsilon_{mt}$，$\rho_m$ 为自回归系数，ε_{mt} 为白噪声干扰。这样式（5.12）至式（5.16）便构成了一个动态系统。

价格型货币政策规则的设定主要参照马文涛（2011）、王君斌和郭新强（2011）、王君斌等（2013）等人，具体货币政策反应函数满足如下表达式：

$$i_t = k_1 i_{t-1} + k_2 E_t \pi_{t+1} + k_3 x_t + \chi_{i,t} \tag{5.17}$$

式（5.17）表明利率的调整主要参照预期通胀率和产出缺口。假定 $\chi_{i,t}$ 服从如下一阶自回归过程：$\chi_{i,t} = \rho_i \chi_{i,t-1} + \varepsilon_{it}$，$\rho_i$ 为自回归系数，ε_{it} 为白噪声干扰。这样式（5.12）、式（5.13）、式（5.17）也构成一个动态系统。

第三节　参数校准与实证分析

下面我们对参数进行校准，一部分参数直接参照已有文献，另一部分参数则结合实际经济通过估计获得。在参数校准过程中，我们保证了模型存在唯一稳定解。对于居民跨期替代弹性的倒数，我们参照李春吉和孟晓宏（2006）和 Zhang（2009）取 $\sigma = 2$。对于货币需求利率弹性的倒数，我们参照 Zhang（2009）取 $b = 3.13$。对于名义利率的稳态值，本节取 $i_{ss} = 0.0384$。对于混合新凯恩斯菲利普斯曲线的参数，我们通过估计得到 $\zeta_1 = 1.29$、$\zeta_2 = -0.21$、$\zeta_4 = 0.07$，模型的拟合优度为 $R^2 = 0.79$。对于数量型工具的参数，我们参照 Zhang（2009）取 $l_1 = 0.8$、$l_2 = 1.0$、$l_3 = 0.5$ 和 $\rho_m = 0.75$。对于价格型工具的参数，我们参照王君斌等（2013）取 $k_1 = 0.75$、$k_2 = 0.65$、$k_3 = 0.15$ 和 $\rho_i = 0.51$。为方便起见，同卞志村和高洁超（2014）一样对需求冲击和供给冲击的自回归系数分别取：$\rho_d = \rho_s = 0.8$。参数校准结果如表 5-1 所示。

表5-1　　　　　　　　　　　　　　参数校准结果

参数	σ	b	ζ_1	ζ_2	ζ_4	l_1	l_2	l_3	k_1	k_2	k_3	ρ_m	ρ_i
取值	2	3.13	1.29	-0.21	0.07	0.8	1	0.5	0.75	0.65	0.15	0.75	0.51

（一）对脉冲响应的分析

为了考察数量型工具和价格型工具对宏观经济的调控效果，本部分检查了通货膨胀率和产出缺口对两种政策冲击的脉冲响应情况。图5-1表示数量型工具对产出缺口和通货膨胀率的冲击效应，图5-2显示价格型工具对产出缺口和通货膨胀率的冲击效应，图中横轴表示时间，纵轴表示变量在冲击后对稳态的偏离。同时本部分还分别考察了两种不同工具调控下，需求冲击、供给冲击、均衡利率冲击对经济可能造成的影响，并加以比较，如图5-3至图5-8所示。

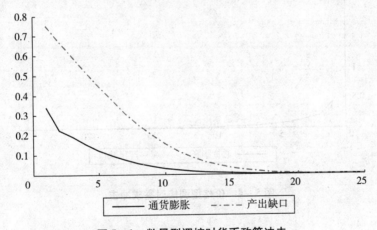

图5-1　数量型调控时货币政策冲击

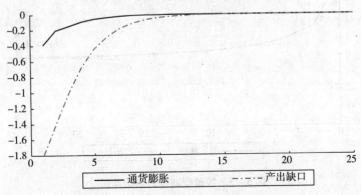

图5-2　价格型调控时货币政策冲击

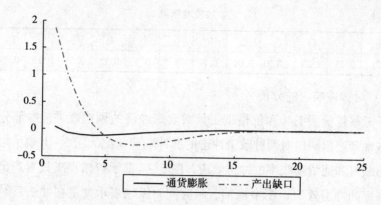

图 5 - 3　数量型调控时需求冲击

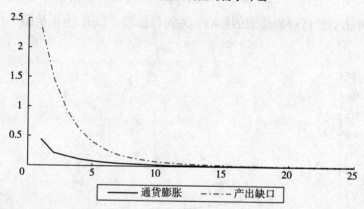

图 5 - 4　价格型调控时需求冲击

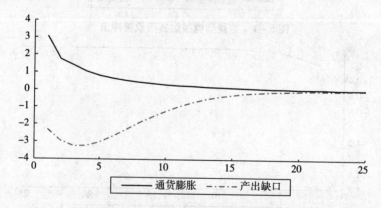

图 5 - 5　数量型调控时供给冲击

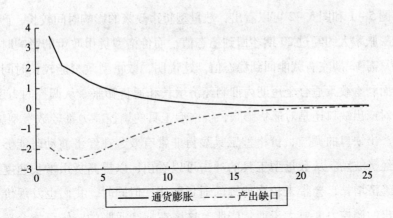

图 5 - 6 价格型调控时供给冲击

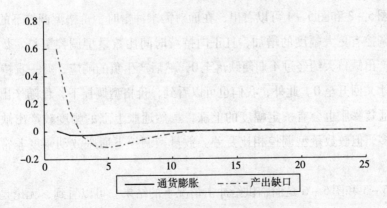

图 5 - 7 数量型调控时均衡利率冲击

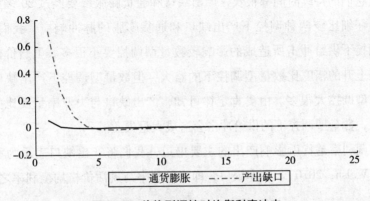

图 5 - 8 价格型调控时均衡利率冲击

从图 5 - 1 和图 5 - 2 可以看出，数量型货币政策的影响时间较长，产出缺口和通货膨胀率大约经过 20 期才回到稳态值；而价格型货币政策的影响时间相对较短，只需 13 期左右就能回到稳态值。这说明，数量型政策能较长时间作用于经济，而利率政策适合于短期内抑制经济增长和通货膨胀。从调控的力度来看，无论是对产出缺口还是对通货膨胀，价格型工具的调控能力都较数量型工具强，尤其对产出缺口的调节，价格型工具显得非常有效，在经济波动时能够更有效地熨平经济波动。从数量型工具的冲击可以看出，以提高货币增长速度的形式来刺激经济增长，会带来较为持续的通货膨胀。但同时，我们也发现价格型工具对产出的调控力度要大于通货膨胀，这样在抑制通胀的时候可能会造成产出较大幅度的减少。

从图 5 - 3 和图 5 - 4 可以看出，在面对需求冲击时，价格型调控下的产出比数量型调控有更大幅度的增加，且正向持续时间比数量型调控更长。数量型调控下的产出缺口大约经过 4 期便跌落至 0，然后产生负的响应，并一直持续到 17 期左右才又回升至 0。此外，我们也可以看到，价格型调控下，伴随产出的大幅增加，通货膨胀也会有一定幅度的上涨，虽然通胀上涨的幅度较产出缺口而言要少很多，但较数量型调控相比要差。数量型调控下通胀波动幅度非常小，几乎可以忽略。

图 5 - 5 和图 5 - 6 是面临供给冲击情况下的结果。可以看到，无论是数量型调控还是价格型调控下，供给冲击都会推高通货膨胀，并同时造成产出的大幅降低，且它们的持续时间都很长，产出缺口和通货膨胀都要经过 20 多期才能逐渐恢复。仔细比较两种调控下产出缺口和通货膨胀的脉冲响应，我们会发现，价格型调控下供给冲击所造成的影响较数量型调控要小很多。虽然价格型调控下，通胀上升的幅度比数量型调控下的略大，但数量型调控下产出缺口的跌幅要比价格型调控大很多。由奥肯定律可知，产出缺口与失业率呈反比关系。这就意味着，数量型调控下的供给冲击会造成大量失业。

为强调利率是货币影响产出的主要渠道，我们将产出缺口表示为利率缺口的函数（Walsh，2010）。利率缺口，即当前利率与灵活价格均衡利率之间的差。定义实际利率，则动态 IS 曲线式（5.13）可以表示为 $x_t = E_t (x_{t+1}) - \frac{1}{\sigma} (r_t -$

$\overline{r_t}$)。利率缺口（$r_t - \overline{r_t}$）概括了名义刚性对实际均衡的影响。图 5.6 和图 5.8 是在面临均衡利率冲击情况下的结果。很明显，在两种调控模式下，均衡利率的变化对产出 $r_t = i_t - E_t \pi_{t+1}$ 缺口的影响相对通胀而言都要大很多。对两种调控进行比较可以看出，数量型调控下产出缺口的响应先为正后为负，而价格型调控下则主要表现为正向响应。从影响时间来看，价格型调控下产出缺口和通胀恢复得更快一些。

（二）对央行损失函数的分析

如果从通货膨胀稳定与产出缺口稳定的角度，假设中央银行的损失函数为

$$L = E_t \sum_{i=1}^{\infty} \beta^i (\pi_{t+i}^2 + \lambda x_{t+i}^2) \tag{5.18}$$

我们可以估算出两种调控情况下的福利损失。针对 λ 的不同取值，考察 25 期之内需求冲击和供给冲击的福利损失如表 5-2 所示。

表 5-2　　　　　　　　不同政策工具下的福利损失　　　　　　单位：10^{-4}

	数量型调控下的福利损失			价格型调控下的福利损失		
	$\lambda = 0.5$	$\lambda = 1$	$\lambda = 1.5$	$\lambda = 0.5$	$\lambda = 1$	$\lambda = 1.5$
需求冲击	2.5425	5.0284	7.5142	4.7129	9.1408	13.5687
供给冲击	46.9150	77.1766	107.4381	40.2350	56.4364	72.6379

从表 5-2 可以看到，当面临需求冲击时，如果从央行的损失函数考虑，数量型调控下的福利损失更小。如果进一步分析需求冲击福利损失的构成（见表 5-3），我们会发现无论是数量型调控还是价格型调控，需求冲击所造成的福利损失基本都来源于产出缺口方面。我们知道以式（5.18）表示的损失函数是从通货膨胀稳定与产出缺口稳定的角度构建的，可见在价格型调控下的产出缺口波动较大，这与图 5-4 中产出缺口有较大幅度的脉冲响应是对应的。此外，图 5-4 还显示产出缺口的脉冲响应是正向的。

从表 5-2 中我们还可以看到，在面临供给冲击时，价格型调控下的福利损失较数量型调控要小很多。进一步分析供给冲击的构成（见表 5-3），可以看到，数量型调控下的福利损失仍主要来自于产出缺口方面，数量型调控下产出缺口方面的损失大约是价格型调控的 2 倍。正如前文对图 5-5 和图 5-6 的分析，数量型调控下的供给冲击会造成大量失业，其社会影响较经济影响更加严

重。此外，结合两种冲击而言，供给冲击比需求冲击所造成的福利损失要大得多，这说明如果经济出现供给冲击，价格型工具的优势更加明显。同时，我们也要看到，无论面对需求冲击还是供给冲击，数量型调控下的通货膨胀更加稳定。

表5-3　　　　　　　　　　需求冲击和供给冲击的福利损失构成

λ = 1 时	数量型调控下		价格型调控下的	
	福利损失（10^{-4}）	占比（%）	福利损失（10^{-4}）	占比（%）
需求冲击	5.0284	100	9.1408	100
来自通货膨胀方面	0.0567	1.13	0.2850	3.12
来自产出缺口方面	4.9717	98.87	8.8558	96.88
供给冲击	77.1766	100	56.4365	100
来自通货膨胀方面	16.6535	21.58	24.0336	42.58
来自产出缺口方面	60.5231	78.42	32.4029	57.42

第四节　结论

本章构建了具有微观基础的动态随机一般均衡模型，从家庭、企业和货币当局三个方面分析了各经济主体的行为，推导出了新凯恩斯主义框架下的动态IS曲线、混合新凯恩斯菲利普斯曲线，并在此基础上考察了不同货币政策工具调控对经济所造成的影响。本章具体探讨了不同货币政策工具的调控效果，分析了在不同冲击条件下通货膨胀率和产出缺口的脉冲响应，并基于央行损失函数分析了数量型工具和价格型工具的调控绩效，得到如下几点结论与建议：

第一，数量型货币政策能较长时间作用于经济，价格型工具更适合于在短期内抑制经济增长和通货膨胀。在调控力度方面，价格型工具较数量型工具更大，能更有效地熨平经济波动。此外，数量型工具在刺激经济增长的同时会带来较为持续的通货膨胀，而价格型工具在抑制通胀的时候可能会造成产出较大幅度的减少。

第二，在面对需求冲击时，价格型调控下的产出增长幅度更大，持续时间更长，但同时也可能会伴随一定的通货膨胀。在面临供给冲击时，数量型调控下产出缺口的跌幅更大，其产出缺口方面的福利损失大约是价格型调控的 2 倍。这可能会造成大量失业，其社会影响较经济影响更加严重。在面临均衡利率冲击时，两种调控下产出缺口的波动幅度都比通胀的波动幅度大很多，说明利率是货币影响产出的主要渠道。从总的影响时间来看，在各种冲击下，价格型调控的影响时间更短一些。

第三，国际金融危机以来，我国经济形势越来越复杂，数量型货币政策虽一直发挥着最重要的调控作用，但其可控性近年来却有明显下降。本章的实证研究发现，价格型货币政策在很多方面较数量型工具更优，尤其在短期内更能有效熨平经济波动。因此，我国央行在不放弃数量型工具的同时，应逐渐增加价格型工具的调控比例，建立以利率进行短期调控、以货币供应量进行长期调控的货币政策调控机制。

第六章

货币政策转向与非对称效应

第一节　研究概述

一、研究背景

　　自 2008 年国际金融危机后，中国宏观经济形势跌宕起伏，货币政策充分发挥其灵活性和针对性，进行相机抉择，经济增速和货币政策态势频繁转向。2007 年经济过热通胀持续高企，货币政策因此转向从紧；2008 年国际金融危机持续发酵；2009 年我国经济紧缩严峻，货币态势转向扩张；2010 年经济回升向好、物价水平上升、通胀预期抬头；2011 年高通胀伴随经济增长放缓；2012—2014 年经济下行风险加剧；2015 年底，中央经济工作会议提出"供给侧改革"，并于 2016 年逐步实施落地，经济增速逐步企稳，并于 2017 年初显现出回升态势，同期货币政策坚持"稳健中性"总基调。

　　我们重点关注自金融危机发生至 2012 年 6 月期间的政策变动情况。选择这一时期作为样本区间，是由于在此期间经济波动剧烈，货币政策态势反复转向，对于我们的研究具有典型性和代表性。

如图6-1所示，区间阴影的深、浅分别对应货币政策从紧、宽松。面对异常艰巨的宏观调控任务，中国货币政策运用体现如下特点：首先，调控规模幅度之大、时间频率之密实属罕见，截至2012年7月6日，央行共计进行17次人民币基准利率调整，34次存款准备金率调整。其次，政策调控频繁发生方向性转变，其间政策基调依次经历"稳健""适度从紧""从紧""适度宽松"和"稳健"，当前又将趋向宽松。第三，政策实施与初始基调存在偏差，2009年和2010年均定调为"适度宽松"的货币政策，但2009年全年人民币各项贷款新增9.59万亿元，广义货币供应量 M_2 月度平均增速达26.5%，政策基调实为极度宽松；进入2010年，第一季度央行便两次上调存款准备金率，全年6次上调准备金率，同年第四季度连续两次加息，货币政策基调实为稳中收紧。即使再坚定的央行调控笃信者也明白，看似充满工程智慧的货币政策工具，也逐渐体现出疲于应付的窘态。

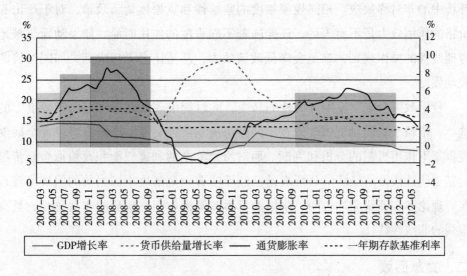

数据来源：作者根据中经网统计数据库公布数据、中国货币政策执行报告测算绘制。

图6-1 中国宏观经济走势与货币政策转向

对于应对此次国际金融危机世界各国采取的货币政策，从之前"凯恩斯主义胜利回归"到"凯恩斯主义的破产"，理论界和政策当局的认识评价正在发生方向性的扭转。货币政策这根魔杖真的失灵了吗？理论界对此展开了激烈的辩论，赞同者认为，这次危机是政府政策决策和制定的失败，中国同样应该淡化政府干预在资源配置中的作用；反对者认为，只要条件符合、运用得当，总需求管理政策自然可以抑制经济波动（"国际金融危机与经济学理论反思"课题组，2009；华民，2012）。激进的反央行调控者援引货币学派创始人弗里德曼的观点，认为货币政策存在难以捉摸的作用时滞，因而相机抉择的货币政策并不能实现熨平经济周期的目的，反而易于加剧经济波动程度，甚至成为经济波动的根源。

本章认为，面对经济波动中央银行应该责无旁贷、科学稳妥地调控货币政策；但作为政策灵活性和针对性的前提，央行既需要有一种长期的规则性的价值追求，又需要有一种短期的相机行事的工程智慧。当经济态势盛衰交替、价格走势涨跌互现时，央行的货币政策基调会适时转变，但更多的却是线性的操作规则——经济过热就紧缩，经济低迷就宽松，常常忽略货币政策在不同作用环境中的非对称效应。相同规模幅度的紧缩性和宽松性货币政策，对于产出和价格的作用效力是不对等的，还伴随着不同程度的作用时滞。如果动辄机械地遵照线性的操作规则，难免会降低政策效力，甚至还会弄巧成拙，加剧经济的波动程度。

货币政策会频繁发生方向性的转变，此时货币政策在操作方向和幅度上的选择，依赖于我们对货币政策在不同经济周期阶段、资本市场态势以及金融制度框架下作用机制的分析和判断。面对纷繁复杂的利害权衡和政策取舍，传统的基于线性假设的经济学分析视角已经无法有效地解决中国当前的宏观经济现实。理论和实证研究均表明，中国的货币政策操作存在明显的非对称性，具有很强的非线性特征。

二、文献回顾

历史反复证明，每一次经济危机，都是经济学的危机。20 世纪 30 年代美国经济危机作为宏观经济学的"圣杯"（Bernanke，2012），为凯恩斯主义经济学提供了天然的试验场，人们发现，相同幅度的紧缩性和扩张性货币政策对经济增长的作用效力是不同的：紧缩性货币政策抑制经济过热的作用要大于经济低迷时期扩张性货币政策的刺激作用。货币政策非对称效应逐渐引起理论界和政策制定者的广泛关注。Friedman（1968）对于货币政策的非对称效应给出一个形象而又经典的描述，"货币政策犹如一根绳子，你可以拉紧它以遏制通胀，却不能通过推动它来摆脱衰退。这好比你可以将马儿牵到水边，但却无法通过强迫让它喝水一样。"① 随着货币理论和政策研究的不断发展，货币政策非对称性的议题现已囊括更为宽泛的内容。

早期大多数文献专注于研究货币供应量对产出和价格水平的非对称效应，按其性质可以划分为正负向冲击、不同规模冲击、不同预期冲击以及不同经济周期下冲击的非对称效应，如 Cover（1992）、Ravn 和 Sola（1996）、Weise（1999）等对于货币和产出非对称关系的实证检验，Tsiddon（1993）、Ball 和 Mankiw（1994）等证实货币对通货膨胀存在非对称作用效应。在界定货币政策变量时，除货币供应量指标外，美国联邦基金利率和基于货币当局申明编制的描述性指数（Morgan，1993）、基于 MIMC 模型模拟的美联储货币政策状况指数（Choi，1999）、基于结构 VAR 模型生成的外生冲击（Garcia 和 Schaller，2002）等方法也被用来检验货币政策的非对称性。此外，货币政策冲击不仅对产出和价格水平具有非对称的影响，Garibaldi（1997）、Dell'Ariccia 和 Garibaldi（2000）、Florio（2006）等发现以市场利率变动为代表的货币政策冲击对劳动力市场、银行发放信贷以及金融资产定价等均会产生非对称效应。近年来，针对货币政策非对称效应的研究开始转向亚洲和新兴市场经济体，如 Aragon 和 Portugal（2009）、Tanet 等（2010）等。

针对中国货币政策非对称效应的研究也较为广泛。陆军和舒元（2002）以及刘金全和郑挺国（2006）研究发现，正负向货币供给冲击对产出变化存在非对称效应，郑挺国和刘金全（2008）进一步证实，这种非对称效应还依赖于经济周期所处阶段、货币供给速度和通货膨胀走势。在治理通货膨胀方面，万解秋和徐涛（2001）发现，货币政策同样具有非对称性，扩张性政策应对通货紧缩的效果不明显。另外，资本充足率约束可能强化"逆风向行事"货币政策的

---

① 译自 "Monetary policy was a string. You could pull on it to stop inflation but you could not push on it to halt recession. You could lead a horse to water but you could not make him drink." Friedman, M. The Role of Monetary Policy [J]. The American Economic Review, 1968, 58 (1): 1 – 17.

非对称效应，即货币政策调控效果要比没有资本约束时小得多（戴金平等，2008）。冯春平（2002）等同时检验了货币供给对产出和价格的非对称效应。曹永琴（2010）研究得出，货币政策效应的非对称程度随着货币供给波动的加剧而增加，随着通货膨胀率的上升而呈现先升后降的驼峰形趋势。然而，单单以货币供应量作为货币政策指标有失偏颇，货币供应量变化不能完全反映货币政策的调整。鉴于此，石柱鲜和邓创（2005）、吴婷婷（2009）实证检验了利率工具对我国宏观经济的非对称效应。赵进文和闵捷（2005）同时选取货币供应量和利率两个货币政策变量，验证我国货币政策操作效果的非对称和非线性特征。

近些年的拓展研究包括，王立勇等（2010）基于货币供给量、利率、信贷增长率和汇率多重货币政策工具变量，证实我国货币政策具有非线性特征和非对称性。张东辉和王丹阳（2010）检验了中国货币政策的区域双重非对称性，即货币政策非对称性还依赖于地区经济结构和发达程度。曹永琴（2011）关注货币政策在行业间的非对称效应，行业运营资本比重、银行信贷依赖度、财务杠杆水平和劳动密集度成为决定因素。此外，鉴于中国宏观政策调控与资本市场的紧密联系（周晖，2010），资本市场逐渐被引入货币政策非对称性的分析框架，董直庆和王林辉（2008）、贺晓波和许晓帆（2009）、方舟等（2011）验证货币政策工具对股票价格的非对称和阶段性效应，以及股市走势分化对货币政策效力的影响。

综观上述研究成果，本章认为：首先，在经济金融全球化的今天，中国货币政策的制定和实施效果越来越受到外部经济环境和宏观政策的影响，引入汇率变量研究开放经济条件下货币政策的非对称性效应是对国内研究的进一步完善，王立勇等（2010）选取人民币实际有效汇率作为货币政策（汇率政策）变量，本章认为该加权汇率可能包含更多的噪音，无法锚定人民币兑美元汇率对于中国央行货币政策操作的巨大牵制力；其次，中国作为新兴市场经济体，历经巨大的改革变迁，常常导致经济数据出现结构性变动，若在实证检验中没有科学地剔除，将被人为错误地用作拒绝线性 VAR 系统的证据；最后，本章尝试从长期追求经济增速的传统增长方式角度，结合非线性实证结果，就央行对于货币供应量和信贷规模等数量性工具的路径依赖特征展开探讨。

第二节　研究方法与数据处理

一、研究方法

本部分构建 Logistic 平滑迁移向量自回归（LSTVAR）模型。LSTVAR 模型的优点在于，它能够通过计算广义脉冲响应函数，刻画正负向、不同规模大小、不同经济周期阶段货币政策冲击的响应情形，以达到全方位、多角度地研究货币政策的各种非对称形式，这是线性模型所无法实现的技术优势。根据 Weise（1999）的模型框架，本部分构建的实证模型如下：

$$X_t = \beta_0 + \beta(L)X_{t-1} + [\theta_0 + \theta(L)X_{t-1}]F(z_{t-d}, \gamma, c) + v_t \qquad (6.1)$$

其中，$F(z_{t-d}, \gamma, c) = \dfrac{1}{1 + \exp[-\gamma(z_{t-d} - c)/\sigma(z_t)]}$，$\beta(L)$ 和 $\theta(L)$ 为 p 阶滞后多项式，v_t 为 k 维向量的白噪声过程（均值向量为零，协方差矩阵 $\sum$ 为 $k \times k$ 的正定矩阵），即 $v_t \sim NID(0, \Sigma)$。函数 $F(\cdot)$ 作为逻辑函数，它控制着模型在不同区制间的转移过程，z_{t-d} 是转移变量，d 为转移变量的滞后阶数，c 为门限值，$\sigma(z_t)$ 为转移变量的标准差，通过除以 $\sigma(z_t)$ 可以将转移变量对 c 的偏差标准化。γ 是平滑参数，表示由一个区制转向另一个区制的转移速度或调整的平滑性，如果 $\gamma \to 0$，则 $F(\cdot)$ 就收敛到一个常数，这时模型就变为线性形式；如果 $\gamma \to \infty$，模型就变成门限自回归形式，其离散变动则依赖于转移变量 z_{t-d} 与 c 的大小关系。$F(\cdot)$ 是转移变量 z_{t-d} 的单调增函数，$0 \leqslant F(\cdot) \leqslant 1$；当 $z_{t-d} \to -\infty$，$F(\cdot) = 0$；当 $z_{t-d} \to +\infty$，$F(\cdot) = 1$；当 $z_{t-d} \to c$ 时，$F(\cdot) = 0.5$。因此，随着转移变量取不同的值，$F(\cdot)$ 在 $[0,1]$ 上变动，能够表示在不同区制间的转换和过渡过程。鉴于此，LSTVAR 模型被认为非常适用于研究不同经济状态下货币政策的非对称效应。

在经过 LM 线性检验确定 LSTVAR 模型中存在非线性特征之后，本节希望借助脉冲响应函数来刻画宏观经济变量对不同规模、不同方向、不同经济增长阶段货币政策冲击的非对称响应。相比于传统 VAR 情形而言，非线性模型条件下的脉冲响应分析较为复杂。Koop 等（1996）检验发现，非线性条件下的脉冲响应函数对于初始条件和冲击规模都较为敏感，为此，他们进一步提出了广义冲击响应函数（GIRF），后者通过计算"一次性冲击"对变量预期值的效应与"无冲击"基准情形的差异，可以有效刻画非线性模型中的冲击响应过程。在 LSTVAR 模型中，对任意冲击 $\varepsilon_t = \delta$，包括变量的历史或初始值 ω_{t-1} 的广义脉冲响应函数可以表示为

$$GIRF_Y(h, \delta, \omega_{t-1}) = E[Y_{t+h} \mid \varepsilon_t = \delta, \omega_{t-1}] - E[Y_{t+h} \mid \omega_{t-1}] \qquad (6.2)$$

其中，$GIRF_Y$ 代表变量 Y 的脉冲响应函数，h 为预测区间，$h = 1$，2，3，$\cdots$，N，$E(\cdot)$ 是数学期望算子。

二、数据说明

本节构建 LSTVAR 模型主要包括实际产出增长率、通货膨胀率、货币供给增长率、信贷增长率、利率、人民币汇率升（贬）值幅度和股市收益率 7 个变量，囿于数据可得性，选择 1996 年 1 月至 2012 年 3 月的月度数据作为实证样本。

在数据处理上，鉴于无法获得 GDP 月度数据，本节利用月度工业企业增加值同比增速表示实际产出增长率 dy，2006 年后国家统计局不再公布 1 月份工业增加值的统计数据，我们用线性趋势插值（linear trend at point）方法对缺失值进行补充。本节基于居民消费价格同比指数获得通货膨胀率序列 dp，即 $dp = \dfrac{CPI - 100}{100}$。对于货币和信贷变量，分别利用广义货币 M_2 和金融机构人民币各项贷款对数同比增长率表示货币供给增长率 dm 和信贷增长率 dl。由于我国存贷款基准利率长期保持不变，选择银行间同业拆借加权平均利率 r 作为市场利率的替代指标。对于股市收益率指标，我们基于上证综指的收盘价计算平均对数收益率 r_s。鉴于人民币兑美元汇率在中国货币政策操作中的重要性，本节选取人民币兑美元的加权平均汇率同比升值幅度 ex 表示汇率变量，$ex = \ln E_t - \ln E_{t-12}$，$ex < 0$ 表示升值，反之贬值。除上证综指行情来自于 WIND 数据库外，其余数据均取自中经网统计数据库。

在下文的线性检验过程中，由于数据的结构性变动会构成拒绝线性 VAR 系统的证据，例如，Ravn 和 Sola（1996）就曾质疑 Cover（1992）是由于没有控制

美联储1979年货币政策操作中的制度革新才证实出非对称性的存在，因而有必要从原始数据中剔除时期相依（time-dependent）的结构性突变。我们通过添加时间哑变量来剔除数据中的结构性突变，时间哑变量依货币政策发生重大结构性调整的时间点而定。回溯中国人民银行货币政策操作实践，1998年1月1日，央行取消了长达半个世纪以来对国有商业银行贷款限额（规模）的控制，人民币信贷增速显著降低；2005年7月21日，央行宣布实行人民币汇率制度改革，人民币兑美元一次性升值2%。本节通过引入常数项、关于1998年8月和2005年7月前后的时间哑变量、趋势项以及后两者的乘积项对各个时间序列进行滤波处理，以消除相应的结构性噪音。经过该滤波处理，本节的实证结果更具科学性。

在建立 LSTVAR 模型之前，有必要对所有数据进行平稳性检验，以避免伪回归发生。ADF 检验结果表明，通货膨胀率、信贷增长率、股市收益率在10%的显著性水平下是平稳的，产出增长率、拆借利率和人民币汇率波动率在5%的显著性水平下都是平稳序列，货币供给增长率在1%的显著性水平下是平稳的。

三、线性检验

在进行 LSTVAR 模型的估计之前，有必要检验基准的线性 VAR 模型是否存在非线性成分，原假设是线性的 VAR 模型，备择假设为 LSTVAR 模型。基准的 VAR 模型包括7个变量：dy、dp、dm、dl、r、ex 和 r_s，按照 AIC 和 SC 准则，模型的滞后期长度确定为2阶。在转移变量的选择上，在粘性工资（价格）模型中，工资增长率（通货膨胀率）是适宜的选择；在研究不同经济增长阶段的非对称效应时，常常选择实际产出增长率作为转移变量；国际金融危机以来货币条件在常态与非常规态势间的转移，使得货币供给增长率也适合作为转移变量。基于现有的研究成果、有关非对称的经济理论以及本节的研究目的，我们分别考察以所有7个变量的一阶滞后和二阶滞后作为转移变量情形时的检验结果。

我们通过 Lagrange Multiplier（LM）统计量和 F 统计量来检验基准 VAR 模型的非线性，检验方法来源于 Granger 和 Terasvirta（1993），因而也被称为 G-T

检验。G-T 检验原假设 H_0：$\gamma = 0$，备择假设 H_1：$\gamma > 0$。对于一个有 k 变量、p 阶滞后的 VAR 过程，令 $W_t = (X_{1t-1}, X_{1t-2}, \cdots, X_{1t-p}, X_{2t-1}, \cdots, X_{kt-p})$。整个检验过程可以分为以下三步（Weise, 1999）：（1）对基准的线性 VAR 模型 $X_{it} = \beta_{i0} + \sum_{j=1}^{pk} \beta_{ij} W_{jt} + u_{it}$ 进行逐方程回归，得到残差序列，定义 $SSR_0 = \sum \hat{u}_{it}^2$；（2）进行回归 $u_{it} = \alpha_{i0} + \sum_{j=1}^{pk} \alpha_{ij} W_{jt} + \sum_{j=1}^{pk} \delta_i z_t W_{jt} + \nu_{it}$，整理残差序列 v_{it}，令 $SSR_1 = \sum \hat{v}_{it}^2$；（3）计算统计量 $LM = T(SSR_0 - SSR_1)/SSR_0$，其中 T 为观测样本的个数。当原假设成立时，LM 统计量服从 $\chi^2(pk)$，对应的 F 统计量可以表示为 $F = [(SSR_0 - SSR_1)/pk]/[SSR_0/(T-(2pk+1))]$。以上检验是针对单方程的线性检验，Weise（1999）通过 Log-Likelihood Test（对数似然比检验）考查了整个 VAR 系统的非线性，此时的原假设为：所有方程中 $\gamma = 0$。令 $\Omega_0 = \sum \hat{u}_{it} \hat{u}'_{it}/T$，$\Omega_1 = \sum \hat{v}_{it} \hat{v}'_{it}/T$，对数似然比统计量 $LR = T\{\log|\Omega_o| - \log|\Omega_1|\}$，它渐进地服从于 $\chi^2(pk)$。

如表 6-1 所示，当分别以各变量滞后两期作为转移变量时，LR 检验结果表明在 5% 的显著性水平下，均能够拒绝整个 VAR 系统线性原假设。从单方程来看，当以产出增长率、通货膨胀率、信贷增长率、利率、汇率波动率和股市收益率作为转移变量时，在 5% 的显著性水平下，可以拒绝大多数方程的线性假设。上述线性检验结果提供了充分证据[①]，足以拒绝基准 VAR 模型的线性原假设，进而证实模型中存在 LSTVAR 成分。

但是，这种非线性成分是否支持货币政策冲击的非对称效果则有待于下文脉冲响应分析的进一步明确。如以 dp（-2）作为转移变量时，对于 dy、dp 作为被解释变量的回归方程，拒绝线性原假设的证据不足。但是，该结果并不能立即否定货币政策冲击对于产出增长和通货膨胀的非对称效应，一方面，由于各回归方程中所有系数的非稳定性，它们并非对应着货币政策变量的回归系数；

---

① 从理论上说，误差项存在异方差可能导致 LM 检验结果趋于拒绝线性模型，为此作者还根据 Zivot 和 Wang（2005）进行了异方差修正的线性检验，证实本节检验结果具有一定的稳健性。鉴于现有研究对于此处异方差修正的必要性以及修正方法的广泛争议［详见 Dijk 等（2002）、Zivot 和 Wang（2005）等］，作者未在正文报告，备索。

另一方面，当以其他变量作为转移变量时，不同方程间的动态交互作用可能导致货币政策冲击具有非对称效应。

表 6 - 1　　　　　　　　　　**LM 线性检验结果**　　　　　　　单位: %

转移变量	各回归方程 LM 检验（LM 统计量对应 p 值）							LR 检验
	dy	Dp	dm	dl	r	ex	rs	
dy（-1）	0.007785	0.223643	0.12872	0.248228	0.671278	0.019515	0.061285	0.0121
dy（-2）	0.671325	0.081561	0.036381	0.741108	0.770671	0.004974	0.011253	0.032968
dp（-1）	0.235695	0.086281	0.000427	1.67E-05	0.997958	0.049802	0.000176	4.60E-07
dp（-2）	0.335846	0.12722	0.005396	0.000217	0.991539	0.072831	0.000115	2.97E-05
dm（-1）	0.145211	0.293395	0.002627	0.001348	0.585329	0.573528	0.181948	0.008075
dm（-2）	0.050586	0.14717	0.006631	0.001344	0.405512	0.729556	0.052359	0.001867
dl（-1）	0.049499	0.030252	0.001511	0.030581	0.910878	0.131368	0.200473	0.001932
dl（-2）	0.022801	0.016074	0.000317	0.000107	0.631572	0.476579	0.259003	2.14E-05
r（-1）	0.039878	0.327931	1.11E-05	2.21E-06	0.076233	0.189212	0.012806	8.47E-09
r（-2）	0.03432	0.402508	1.50E-05	2.90E-06	0.125847	0.550221	0.010125	7.85E-08
ex（-1）	0.024857	0.118143	0.095913	0.711347	0.129321	2.66E-06	8.27E-05	5.51E-07
ex（-2）	0.016517	0.068991	0.070835	0.563965	0.142158	5.00E-06	0.00038	6.33E-07
rs（-1）	0.006936	0.36953	0.001424	0.000409	0.006977	0.00672	0.000433	1.75E-09
rs（-2）	0.009264	0.373192	0.021086	0.155895	0.022487	0.000157	0.008195	3.77E-06

在转移变量选取上，Terasvirta 和 Anderson（1992）认为在单方程情形下，应当选择对应最小 p 值的变量作为转移变量。王立勇等（2010）等均据此进行 LSTVAR 模型的估计。然而，Weise（1999）则认为，在多方程 VAR 系统中，这一标准显得较为松弛。原则上讲，对于线性检验中统计上显著的每个转移变量，都可以对应地估计不同的 LSVAR 模型，同时还可以估计某些外生变量甚至基于内生变量的合成变量作为转移变量时的 LSTVAR 模型。一言以蔽之，无法穷尽。本节基于上述线性检验结果，同时结合本节研究目的，分别选择 dy（-1）、dy（-2）、dp（-1）、dp（-2）、rs（-1）和 rs（-2）作为转移变量对 LST-VAR 模型进行估计[1]。

---

[1]　在本节研究中，货币供给增长率、信贷增长率、利率和汇率波动均为广义货币政策变量，为了实证它们正负向变动对于宏观变量的影响，不适宜将其作为转移变量并据此进行区制划分。

第三节 实证结果

一、模型估计

对于由公式（6.1）所代表的 LSTVAR 模型，$X_t = (dy_t, dp_t, dm_t, dl_t, r_t, ex_t, rs_t)'p = 2$，转移变量 z_{t-d} 分别选取 $dy(-1)$、$dy(-2)$、$dp(-1)$、$dp(-2)$、$rs(-1)$ 和 $rs(-2)$。从理论上说，可以通过完全信息极大似然法对其进行估计，但是非线性结构中待估参数过多又会进一步导致模型不可识别的问题。Terasvirta 和 Anderson（1992）通过强加 $\beta(L)$ 和 $\theta(L)$ 中某些系数相等的约束条件来解决该问题，然而系数约束的做法也存在疏漏。首先，估计结果对于特定的约束会较为敏感；其次，这一武断的约束条件缺乏经济理论的支撑。

本节采用非线性最小二乘（NLS）法来估计模型，不对参数施加任何约束。设定 c 在转移变量序列观测值排序的 15% ~ 85% 区间逐个取点、γ 在 [0.1，50] 值域上按 0.1 的步长等幅地取点，基于二维网格点搜索法，遍历地对各个 c、γ 二维格点下式（6.1）残差协方差矩阵进行迭代估计，选取满足残差协方差矩阵行列式最小时参数 c、γ 的二维格点，作为 LSTVAR 模型系数估计的初始值。具体过程基于 Gauss9.0 编程加以实现。

估计结果如表 6-2 所示，以 $dp(-2)$ 作为转移变量时，估计得出门限值 $c = 0.054$、转移速度 $\gamma = 1.40$ 满足方差—协方差矩阵行列式的对数值最小，说明在不同状态之间的转移是较为平滑的。稳健性检验进一步表明，当 $\gamma \to \infty$ 时，门限值 c 没有出现较大差异。当选择 $rs(-2)$ 作为转移变量时，确定门限值 $c = 0.347$，转移速度 $\gamma = 1.5$，但多数方程回归系数均未通过显著性检验[①]。当分别以 $dy(-1)$、$dy(-2)$ 和 $dp(-1)$ 作为转移变量时，估计得出门限值为 -0.085、-0.102 和 4.000，均不在样本取值范围之内，同样也不予考虑。综

---

① 鉴于待估 LSTVAR 模型系统庞大，各方程回归系数的显著性检验结果未列出，可向作者索取。

上，本节选择 dp（ -2）作为转移变量，门限值 $c = 0.054$，转移速度 $\gamma = 1.40$ 来模拟该非线性模型的广义脉冲响应函数。

表 6 - 2　　　　　　　　　　　　c 和 γ 的估计结果

转移变量	门限值 c	平滑参数 γ	SC 值
dy（ -1）	-0.085	1	2.017
dy（ -2）	-0.102	1.2	7.718
dp（ -1）	4.000	0.5	8.141
dp（ -2）	0.054	1.4	7.279
rs（ -1）	-0.002	0.8	7.835
rs（ -2）	0.347	1.5	5.177

二、广义脉冲响应函数分析

在对 LSTVAR 模型估计之后，下面通过计算不同区制下的广义脉冲响应函数，全面直观地分析货币、信贷、利率、汇率等货币政策变量正负方向的冲击对于宏观经济变量的非对称效应。根据通货膨胀 dp（ -2）的门限值 $c = 0.054$，本节将研究样本划分为"低通胀阶段"（ dp（ -2）< 0.054）和"高通胀阶段"（ dp（ -2）$\geqslant 0.054$）。结合样本数据发现，对应"高通胀阶段"的样本区间为 1996 年 1 月至 1997 年 2 月、2007 年 7 月至 2008 年 7 月，分别处于两次国际金融危机波及国内之前，国民经济均表现出投资过热、经济增长迅速的特征，鉴于此，本节进一步地将该区制定义为"高通胀、经济过热"阶段[1]。基于式（6.2）计算得到累积广义脉冲响应函数如图 6 - 2 至图 6 - 5 所示，对于负向冲击的响应函数，本节选取其相反数来做图，以便与正向冲击效果相比较，同时还引入线性 VAR 系统下脉冲响应函数以为对照。

---

[1]　中国人民大学中国宏观经济论坛发布的《中国宏观经济分析与预测（2011 年第一季度）》同样明确，我国历次投资高速增长时期往往也是高通胀时期，而投资低速增长时期往往伴随着通货膨胀的较低水平。

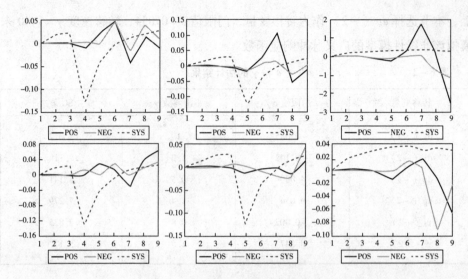

图6-2 低通胀、高通胀区制下产出、
通货膨胀率和股市收益率对于货币供给冲击的响应①

如图6-2所示，同样1单位的正负向货币供给冲击，对于产出增长率、通货膨胀率、股市收益率的作用方向和幅度均存在显著差异，即货币供给冲击存在正负方向上的非对称效应。同时，在短期内（前3个月）正负货币供给冲击对通货膨胀没有显著影响，因而不表现出非对称效应，这也证实了货币供给对于价格总水平的影响存在一定的时滞性。比照不同经济区制下的脉冲响应函数，货币供给冲击在不同经济周期阶段也存在非对称的效果。在"高通胀、经济过热"阶段，通过负向货币政策操作收紧货币投放，对于抑制产出过快增长、价格高涨的效果并不显著，还会给证券市场带来较大的波动；当经济处于"低通胀"区制，扩张性货币供给效果显著，产出增长、价格回升、资本市场繁荣等迹象明显，但同样经受较大的波动。在线性VAR系统下，模拟的冲击响应未能客观地反映货币政策的时滞性，以及正负冲击和不同经济区制下的非对称效应。

人民币信贷冲击对于产出增长、通货膨胀率和股市收益率等宏观经济变量

---

① 第一、二两行分别表示"低通胀"区制和"高通胀、经济过热"区制，第一、二、三列分别对应产出增长率、通货膨胀率、股市收益率的脉冲响应图，POS、NEG和SYS分别表示正向、负向（相反数）和线性VAR的冲击响应。图6-3、图6-4、图6-5同。

的影响同样存在非对称性。图 6-3 表明，正向信贷冲击的作用效果整体上显著大于负向冲击，并且"低通胀"经济区制下正负向冲击效果之间的差异远不及在"高通胀、经济过热"阶段显著。分区制来看，在"低通胀"时期，正向信贷冲击能够带来产出增长和价格上升，但实体经济和股票市场均表现强烈震荡并最终下探，扩张效应难以持久。在"高通胀、经济过热"阶段，正负向信贷冲击效果差异显著，扩大信贷投放会推动实际产出增长、通货膨胀和股市繁荣，进而加剧本已过热的经济形势；负向信贷冲击对于抑制产出增长和通胀的作用有限，即试图通过收紧信贷闸门给经济降温效果可能并不理想，但能够逐步冷却证券市场的投机性热度。

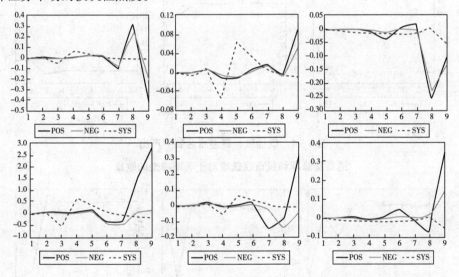

图 6-3　低通胀、高通胀区制下产出、通货膨胀率和股市收益率对于信贷冲击的响应

图 6-4 列出宏观经济变量对利率冲击的脉冲响应函数。如图 6-4 可见，在不同经济区制，正负利率冲击在短期内（3 个月）作用效力均很微弱，并不表现出显著的非对称性效果；同时，基于线性 VAR 系统模拟的各宏观变量脉冲响应值则显著小于 LSTVAR 模型的模拟结果。分区制看，在"低通胀"时期，央行降息空间相对充足，负向利率冲击能够有力地推升产出增长率和资本市场行情，但是未来潜在的通胀成本同样巨大；若经济处于"高通胀、经济过热"区制，面对正向利率冲击为代表的紧缩性货币政策，价格总水平开始负向增长，

通货膨胀得到遏制，但是实际产出增长率经过略微下降后仍能维持正值，资本市场小幅调整后还能维持涨势，表明虽然经过一定时期的调整，宏观经济仍然能够较好地实现"软着陆"。

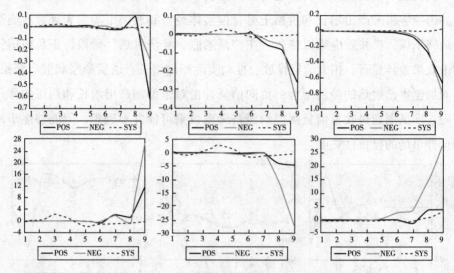

图 6-4　低通胀、高通胀区制下产出、
通货膨胀率和股市收益率对于利率冲击的响应

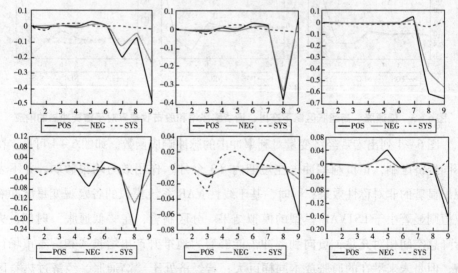

图 6-5　低通胀、高通胀区制下产出、
通货膨胀率和股市收益率对于汇率冲击的响应

图6-5列明人民币汇率冲击对于宏观经济变量的非对称效应。总体而言，正向的汇率冲击效果大于负向冲击，在本节选取指标构建方法下，亦即人民币汇率贬值的冲击效应大于升值的效果，进而可以理解为扩张性汇率政策大于紧缩性汇率政策的效果；同时，正向汇率冲击能够带来各经济变量剧烈的波动，即人民币汇率贬值可能加剧宏观经济运行的不稳定性。在"低通胀"时期，人民币汇率的升值性冲击会给实际产出增长率带来正向影响，也会给价格总水平和股市收益率带来较大冲击，整体均为正向效果。当经济运行到"高通胀、经济过热"区间时，面对人民币汇率的升值性冲击，过热的经济体会出现一定程度的负向调整，但产出增长率随后又趋于上升，价格总水平经过短期微弱攀升后维持稳定，同时股票市场收益率波动上升。由此可见，在"高通胀、经济过热"阶段，人民币升值性冲击给宏观经济造成的福利损失要低于"低通胀"区制。

基于上述实证结论，中国货币政策的非对称效应主要表现在以下几个方面：

第一，同种政策正负向冲击效果的非对称性。信贷冲击、人民币汇率冲击在不同经济区制下均表现为正向冲击效果大于负向冲击。如果从调节总需求的角度来看，说明银行信贷和人民币汇率工具的扩张性效果均大于紧缩性政策的效果。对于货币供给冲击和利率冲击来说，其正负冲击效果的非对称性在不同经济区制则是不稳定的。具体地，在"低通胀"阶段，正向货币供给冲击效果常常大于负向冲击，除产出增长率之外利率的负向冲击效果整体上大于正向冲击；在"高通胀、经济过热"阶段，正向利率冲击效果小于负向冲击，除产出增长率之外货币供给的负向冲击效果大于正向冲击。这说明，在经济低迷期增加货币供给能够显著地促进产出增长，在经济繁荣期紧缩货币供给在抑制通胀同时对经济增长的副作用较为有限，作为追求经济高速增长的货币当局，央行调控货币供给量就成为不二之选。

第二，不同政策作用效应的横向比较。从调节实际产出的效力来看，在"低通胀"区制，1单位负向利率冲击的促进作用大于正向信贷冲击，其次是正向货币供给冲击，正向汇率冲击则表现为抑制产出增长的作用；而在"高通胀、经济过热"区制，1单位正向利率的冲击效果大于负向货币供给冲击，其次是负向信贷冲击，负向汇率冲击则表现为促进产出增长的作用。从调控通货膨胀的效力来看，在"低通胀"阶段，负向利率冲击大于正向货币供给冲击，其次是正向信贷冲击，正向汇率冲击则表现为通胀紧缩效果；在"高通胀、经济过热"时期，正向利率冲击大于负向货币供给冲击，负向信贷冲击和人民币汇率冲击治理通胀的效果均不显著甚至可能恶化通胀。这说明，在经济低迷期，正向货币供给冲击的潜在通胀成本要小于负向利率冲击，说明通过降低利率刺激经济的附带成本更大，同样佐证了增长主义的货币当局对于增加货币供给的路径依赖。

第三，货币政策非对称效应的时滞性。当经济运行在"低通胀"区制，正负货币供给冲击在短期内（前3个月内）对通货膨胀没有显著影响，因而不表现出非对称效应；正向的信贷冲击对于通货膨胀率和资本市场行情均表现出约2个月的时滞，对实际产出的作用时滞甚至达到4~5个月；正负利率冲击对于实际产出和通货膨胀的作用时滞较为明显，4个月之后才体现出政策效力及非对称特征。在"高通胀、经济过热"区制，正向利率冲击对实际产出和通货膨胀的作用时滞均达到4个月，同样未表现出明显的非对称性，但是货币供给冲击和信贷冲击效应的时滞性并不显著。这说明，一方面，在"低通胀"时期从扩张性货币政策出台到通胀压力显现要经过一定时期的外部时滞，其间潜在通胀隐忧得到掩盖，就为增长主义驱动下央行不断加码扩张性货币政策腾挪空间；另一方面，在"高通胀、经济过热"阶段，试图提高利率治理通胀要面临较长的作用时滞，且抗通胀效力微弱，这会促使央行重新回归控制货币供给和信贷投放的数量型工具，并反复强化对该政策路径的依赖。

第四节　政策启示

中国货币政策具有非对称效应，紧缩性和扩张性货币政策效果存在差异，并且相同货币政策工具的实施效果还依赖于宏观经济所处的特定经济区制。在世界经济新格局分野转变、国际金融环境纷繁复杂的现实背景下，中国货币政策操作将会面临更多的短期掣肘和利害取舍。准确判断宏观经济状态，并以此制定科学合理的政策组合，对于破解政策困境、实现经济健康发展具有重要的理论和现实意义。

首先，立足政策的交互效应，科学搭配货币政策工具组合。货币政策的非对称性以及各种货币政策工具操作效果的差异性，要求我们在货币政策操作工具、时机、方向和力度的选择上更加科学谨慎，但这不足以成为货币政策无效性的理由，更不能因噎废食，放弃货币政策调控。实践证明，只有科学高效地搭配使用各种政策工具，才能实现预期的政策目标。依据不同经济状态下货币供给、信贷、利率等货币政策工具分别在产出和价格效应方面的比较优势，加强调控的针对性、科学性和前瞻性，以获得最佳的交互效应。

其次，增强人民币汇率弹性，加强汇率政策与货币政策配合。近年来，国内几次宽松性货币政策都带来通胀难题，由于忌惮加息对产出增长的显著负效应，加之利差扩大吸引投机热钱的担忧，利率工具的操作空间受到制约。在连续调整准备金率冻结流动性的同时，还应该加强汇率政策与之协调配合。研究结论支持高通胀时期人民币升值的福利损失较小，央行在货币政策执行报告中也曾指出"经济学的理论分析和各国的实践均表明，本币升值有利于抑制国内通货膨胀"。① 因此，在把握主动性和可控性前提下，可以适度加快人民币升值步伐，增强人民币汇率弹性，以此缓解长期以来外汇占款引发货币政策被动宽松的难题。

最后，转变经济发展方式，修正经济增长主义的政策导向。转变经济发展方式，适时终止对经济增长主义的迷恋，不仅有其客观必要性，也能够扭转央行对货币供应量和信贷规模等数量型工具的过度依赖，最终为增长主义枷锁下的货币当局松绑。囿于经济增长主义的政策导向，在稳定物价、充分就业、经济增长和国际收支平衡诸多货币政策目标中，维持经济高速增长被赋予了压倒性权重。央行被增长主义调控目标所绑架，进而不断强化对于调控货币供给和信贷规模的路径依赖。唯有修正经济增长主义的政策导向，央行方能保持货币政策的独立性和科学性，充分发挥调节宏观经济运行的重要功能。

---

① 见 中国货币政策执行报告（2007 年第三季度）。

第七章

适应性学习、通胀预期形成与我国最优货币政策

在转入一般均衡分析后，我们首先研究了完美学习与理性预期假设下的最优货币政策制定。使用这一假设的优势在于为长期经济分析提供一个理想的近似框架，毕竟，一般而言从长期视界来看，公众预期总是能够捕捉经济运行的基本趋势。而在短期中，受外部环境、随机扰动和公众自身预测误差左右，预测误差占比会显著变大，公众不仅可能难以较准确地捕捉经济走势，甚至还会出现悖反情况。基于短期视角，本章开始研究当公众学习具有适应性特征而非完美特征时，即公众预期在不完全理性情况下的最优货币政策选择问题。在本章中，我们假定公众预期是基于适应性学习机制产生的，使用这一学习机制的最大优势在于，通过相关学习参数的设置，可使经适应性学习生成的预期逐渐逼近理性预期情形，也就是说理性预期实际上是适应性学习的极端情况。因此，通过将适应性学习机制嵌入标准的新凯恩斯模型，我们事实上便可以分析学习能力、预期的理性程度以及最优货币政策三者之间的动态传递关系。同时，基于非理性框架的分析也能为央行短期货币政策调控提供有益参考。

第一节　研究概述

一、研究背景

虽然理性预期假设为货币政策分析提供了一个理想框架，但其一系列严格的假设条件难以在现实中得到有效贯彻，因而脱离了分析现实经济的需要。更关键的是，理性预期学说并没有对公众的预期形成机制进行具体描述，而只注重对预期结果的一系列规定。

20 世纪 80 年代后，适应性学习理论开始受到学术界广泛关注。作为有限理性的代表，适应性学习理论被逐步运用于经济动态分析。适应性学习放松了理性预期假设暗含的一系列严格条件，认为现实中的预期不可能具有完全理性性质，公众会基于自身对实际经济的不完全认知，在每期不断获取并更新决策所需的信息，通过运用某种计量手段不断更新自身预期。如果假设公众通过适应性学习形成宏观经济预期，那么便可通过其中关键参数的设定将公众预期的理性程度定量化。从某种意义上讲，理性预期是适应性学习的极端情形。相对于理性预期假设，适应性学习理论在诸多方面进行了有益改进，从而使公众的预期形成机制更加贴近现实。

二、文献回顾

货币政策规则在兼顾相机抉择灵活性的同时又避免了动态非一致性，成为近年来国内外学者进行最优货币政策分析的主要工具。如果中央银行对外宣布未来将按某一规则行事，那么规则同时也将成为一种约束，这一约束不仅避免了央行的机会主义行为，同时也建立了一种承诺机制，如果规则得到良好贯彻，就能提高货币政策的可信度和有效性。但是，如果中央银行宣布按规则行事，就必然面临最优货币政策规则的选择问题。刘斌（2003）在混合新凯恩斯模型框架内，比较了不同货币政策规则对社会福利的影响，研究发现，最优简单规则在福利损失上能够接近完全承诺的最优规则，他认为货币政策操作不应偏重产出稳定，而应该同时兼顾产出和通货膨胀，过分重视产出将导致通胀偏差和稳定偏差。由于最优货币政策规则往往是在一系列假设条件下得到的，据此推导出的最优规则势必难以吸收现实中的其他重要信息。因此，在执行最优规则时，现实中的众多扰动会对政策效果产生不确定影响，此时通过优化方法得到的最优政策往往并非最佳（郭晔，2007）。

为此，越来越多的学者转而寻求一种简单、可行的货币政策规则使经济尽可能在次优水平上运行。以泰勒规则及其改进形式为代表的简单规则包含了主要的产出和通胀信息，成为当前货币政策规则领域的重要研究方向。Clarida 等（1998）对美国、日本、德国三国的经验研究证实，中央银行在货币政策操作中普遍存在前瞻性特点。张屹山和张代强（2007）也发现前瞻性货币政策反应函数能够较好地描述我国利率走势，我国央行的货币政策实践也体现出一定的前瞻性特征。据此，本章将参照 Clarida 等（1999）、Evans 和 Honkapohja（2003a）等人的研究，采用一个前瞻的利率规则描述中央银行政策行为。

传统最优货币政策是在一定约束条件下通过最优化中央银行目标函数得到的。但正如 Evans 和 Honkapohja（2003c）所指出的，忽略对均衡确定性和稳定性影响的政策行为是令人担忧的，在引入适应性学习后，经济能否收敛于理性预期均衡将成为评判货币政策是否最优的重要标准。Evans 和 Honkapohja（2003a，2003b）指出，中央银行的最优利率规则可能导致经济无法向合意的理性预期均衡收敛，但如果前瞻性利率规则得到良好设计，就能避免不确定性和不稳定性问题。在适应性学习下，由相机抉择或承诺行为得到的最优规则往往表现不佳（Orphanides 和 Williams，2004），且有可能导致模型出现不确定性或不稳定性问题。究其根源，主要是由于中央银行的传统最优货币政策规则是基于理性预期假设得到的，而现实中公众的预期则更多体现出不完全理性的特点。Bullard 和 Mitra（2002）考虑了当使用泰勒型规则作为货币政策执行方案时均衡的确定性和稳定性问题，他们发现利率对滞后、当期还是前瞻性变量进行反应所得到的确定性和稳定性条件均不相同。此外，Bernanke 和 Woodford（1997）、Woodford（1999）、Svensson 和 Woodford（2003）、Evans 和 Honkapohja（2006）等人也对利率规则导致的不确定性和不稳定性问题进行了深入研究。由此，在适应性学习假设下，基于简单利率规则寻求能够"对症下药"的最优规则正逐渐成为货币经济学研究的重要方面。

目前，国内关于最优货币政策的研究主要集中在探讨理性预期假设下的货币政策最优设计问题，这类文献可参考刘斌（2003）、许冰和叶娅芬（2009）、王晓芳和毛彦军（2011）等人的研究，而对适应性学习下最优货币政策选择问题的系统研究则较为缺乏。由于基于理性预期假设所推导出的最优货币政策并未考虑预期本身的形成问题，而在公众不完美认知视角下，通过引入适应性学习可将公众的预期形成机制内生于经济系统本身，因此基于适应性学习探讨最优货币政策具有更高的实际应用价值。徐亚平（2006，2009）较早研究了公众学习与预期形成机制对货币政策有效性的影响，他认为由于公众对宏观经济运行认知有限，人们会通过适应性学习或相互间的信息传递等方式来更新预期，如果相关经济信息不透明或透明度不高，就会延缓公众的学习过程，并加大公众的预测误差。陈平和李凯（2010）将适应性学习引入人民币汇率的货币模型后，发现经修正的货币模型能很好模拟汇率的实际波动，他们认为可以将适应性学习拓展到其他众多研究领域，尤其是转型期间参数不稳定的模型。本章在已有研究基础上，进一步将适应性学习引入新凯恩斯模型，因为通过适应性学习产生的公众预期将内生于经济系统本身，从而能克服理性预期假设外生给定的缺陷。同时，通过其中关键参数的设定，可实现对预期理性程度的定量描述，进而分析预期理性程度对实际经济的真实影响。在这一改进的框架内，本章将综合分析偏离度、均值和标准差等指标，进而甄选最优货币政策。

本章将适应性学习引入传统新凯恩斯主义模型，并在此基础上分析我国货币政策的最优选择问题。为此，余下部分的结构安排如下：第二节建立基本的新凯恩斯模型，并将适应性学习引入新凯恩斯模型；第三节是货币政策动态模拟研究；第四节是结论与政策建议。

第二节　模型的建立

一、基本的新凯恩斯模型

本节构造的新凯恩斯主义模型包括动态 IS 曲线、新凯恩斯 Phillips 曲线和前瞻型利率反应函数。模型的具体形式及规定如下：

动态 IS 曲线：

$$y_t = -\phi(i_t - E_t\pi_{t+1}) + E_t y_{t+1} + d_t \tag{7.1}$$

新凯恩斯 Phillips 曲线：

$$\pi_t = \beta E_t\pi_{t+1} + \lambda y_t + s_t \tag{7.2}$$

$$\begin{pmatrix} d_t \\ s_t \end{pmatrix} = \begin{pmatrix} \kappa & 0 \\ 0 & \nu \end{pmatrix}\begin{pmatrix} d_{t-1} \\ s_{t-1} \end{pmatrix} + \begin{pmatrix} \tilde{d}_t \\ \tilde{s}_t \end{pmatrix} \tag{7.3}$$

其中，y_t 为当期产出缺口，i_t 为当期名义利率，π_t 为当期通货膨胀，d_t 为当期需求冲击，s_t 为当期供给冲击，$\tilde{d}_t$ 和 $\tilde{s}_t$ 分别为独立同分布的白噪声，$\tilde{d}_t \sim iid\ (0,\ \sigma_d^2)$，$\tilde{s}_t \sim iid\ (0,\ \sigma_s^2)$。$E_t\pi_{t+1}$ 和 $E_t y_{t+1}$ 分别是当期对下期的通胀预期和产出缺口预期。在传统的新凯恩斯模型中，预期一般是指理性预期，下文将对此假设进行适当放松，此处不对预期进行具体描述。

在设定利率规则时一般有两种方法：一是在给定中央银行目标函数的基础上，通过一阶条件得出最优反应函数；二是直接设定一个利率规则。本节采用后一种方式，即直接设定一个前瞻性的利率规则：

$$i_t = \delta_\pi E_t\pi_{t+1} + \delta_y E_t y_{t+1} \tag{7.4}$$

其中，δ_π 和 δ_y 均为非负常数。式（7.4）本质上属于泰勒型规则，它表明中央银行将通过调控短期名义利率对通胀预期和产出缺口预期进行反应。

由式（7.1）至式（7.4）构成的新凯恩斯模型完成了对经济系统的基本描述。在下文引入适应性学习来刻画通胀预期和产出缺口预期形成过程前，首先将上述经济系统改写成矩阵形式以方便下文分析：

$$\begin{pmatrix} y_t \\ \pi_t \end{pmatrix} = \begin{pmatrix} 1-\phi\delta_y & \phi(1-\delta_\pi) \\ \lambda(1-\phi\delta_y) & \beta+\lambda\phi(1-\delta_\pi) \end{pmatrix}\begin{pmatrix} E_t y_{t+1} \\ E_t\pi_{t+1} \end{pmatrix} + \begin{pmatrix} 1 & 0 \\ \lambda & 1 \end{pmatrix}\begin{pmatrix} d_t \\ s_t \end{pmatrix} \tag{7.5}$$

令 $H_t = \begin{pmatrix} y_t \\ \pi_t \end{pmatrix}$、$A = \begin{pmatrix} 1-\phi\delta_y & \phi(1-\delta_\pi) \\ \lambda(1-\phi\delta_y) & \beta+\lambda\phi(1-\delta_\pi) \end{pmatrix}$、$B = \begin{pmatrix} 1 & 0 \\ \lambda & 1 \end{pmatrix}$、$\eta_t = \begin{pmatrix} d_t \\ s_t \end{pmatrix}$，

则式（7.5）可表示为

$$H_t = AE_t H_{t+1} + B\eta_t \qquad (7.6)$$

令 $\rho = \begin{pmatrix} \kappa & 0 \\ 0 & \nu \end{pmatrix}$、$\mu_t = \begin{pmatrix} \tilde{d}_t \\ \tilde{s}_t \end{pmatrix}$，则式（7.3）可表示为

$$\eta_t = \rho\eta_{t-1} + \mu_t \qquad (7.7)$$

由式（7.6）和式（7.7）构成的矩阵经济系统表明，产出缺口和通货膨胀走势受到宏观预期和外生冲击影响，而外生冲击被假定服从 VAR（1）过程。在下文引入适应性学习时，假设公众完全知晓由式（7.7）表示的外生冲击过程，即相关参数 ρ、σ_d^2、σ_s^2 均为已知。

二、模型的改进：引入适应性学习

在传统的新凯恩斯模型中，预期一般是指理性预期，然而理性预期的假设条件过于严格，难以在现实经济中得到良好的贯彻。近年来，货币政策分析的焦点逐渐从理性预期转向适应性学习。本小节将在由式（7.6）和式（7.7）构成的基本模型中引入适应性学习以刻画通胀预期和产出缺口预期的形成过程。通过适应性学习形成宏观经济预期本质上要求公众事先知晓经济的理性预期均衡解（REE）的形式，在此基础上，通过模仿 REE 形成感知运转法则 PLM[①]。两者的不同之处在于，REE 中的相关参数是固定的且不为公众所知晓，而 PLM 中的参数是时变的，公众在形成每一期预期前，将利用已有的一切信息通过某种事先假定的学习算法来更新参数。

借鉴 McCallum（1983）、Poveda 和 Giannitsarou（2007）等人的研究，将上述矩阵系统的理性预期均衡形式设为

$$H_t = \varphi\eta_{t-1} + \tau_t \qquad (7.8)$$

其中，均衡解 $\varphi = \begin{pmatrix} \overline{\varphi_1} & \overline{\varphi_2} \\ \overline{\varphi_3} & \overline{\varphi_4} \end{pmatrix}$，$\tau_t$ 是白噪声冲击。将式（7.8）更新一期且两边

---

① 关于对感知运转法则和下文提到的实际运转法则的详细说明可参考 Evans 和 Honkapohja（2001）、徐亚平（2009）等的研究。

同时取期望有

$$E_t H_{t+1} = \varphi \eta_t \qquad (7.9)$$

将式（7.9）代入式（7.7）有

$$H_t = (A\varphi + B)\eta_t \qquad (7.10)$$

将式（7.7）代入式（7.10）有

$$H_t = (A\varphi + B)\rho\eta_{t-1} + (A\varphi + B)\mu_t \qquad (7.11)$$

式（7.11）即为经济在理性预期均衡水平时的运转法则。

假设公众知晓经济的理性预期均衡表达式（7.8）的结构，而不知道均衡解 φ 的具体大小，但是公众会对经济的均衡方程产生主观判断。假定公众形成的这一主观判断如下：

$$H_t = \varphi_{t-1}\eta_{t-1} + \xi_t \qquad (7.12)$$

式（7.12）即经济的感知运转法则。考虑到模型可能带来的同时性问题①，设定公众的预期形成方程如下：

$$E_t H_{t+1} = \varphi_{t-1}\eta_t \qquad (7.13)$$

式（7.13）规定了预期的具体形成过程，即公众使用本期更新的数据进行预测，同时假定上一期参数仍适用于本期预测。将式（7.13）代入式（7.6）可得

$$H_t = (A\varphi_{t-1} + B)\eta_t \qquad (7.14)$$

再将式（7.7）代入式（7.14）中，即得经济的实际运转法则 ALM：

$$H_t = (A\varphi_{t-1} + B)\rho\eta_{t-1} + (A\varphi_{t-1} + B)\mu_t \qquad (7.15)$$

在式（7.15）中，除 φ_{t-1} 外，其他参数都是事先给定的。而 φ_{t-1} 是公众根据每期更新的信息通过某种计量方法得到的，因而随着信息集的改变，φ_{t-1} 每期均会变化。

在适应性学习理论中，公众更新参数的方法主要有递归最小二乘法（RLS）、常系数最小二乘法（CGLS）以及随机梯度法（SG）等。假定公众使用 CGLS 方

---

① 同时性问题是指：如果在式（7.13）中使用 φ_t，将会出现 H_t 和 φ_t 相互同时决定的情形。为避免这一问题，我们改用 φ_{t-1} 作为预期形成方程的参数。具体请参见 Poveda 和 Giannitsarou（2007）及 Gaspar，Smets 和 Vestin（2010）等人的研究。

法更新参数 φ_{t-1}。令 $\varphi_t = \begin{pmatrix} \varphi_{1t} & \varphi_{2t} \\ \varphi_{3t} & \varphi_{4t} \end{pmatrix}$，其中，$Q_{1t} = (\varphi_{1t} \quad \varphi_{2t})'$，$Q_{2t} = (\varphi_{3t} \quad \varphi_{4t})'$，则有

$$Q_{1t} = \left(\sum_{i=1}^{t} (1-g)^{i-1} \eta_{t-i} \eta'_{t-i} \right)^{-1} \left(\sum_{i=1}^{t} (1-g)^{i-1} \eta_{t-i} y_{t-i+1} \right) \tag{7.16}$$

$$Q_{2t} = \left(\sum_{i=1}^{t} (1-g)^{i-1} \eta_{t-i} \eta'_{t-i} \right)^{-1} \left(\sum_{i=1}^{t} (1-g)^{i-1} \eta_{t-i} \pi_{t-i+1} \right) \tag{7.17}$$

与 RLS 方法不同，CGLS 对模型的结构性变化较为敏感，从式（7.16）、式（7.17）可以看出，距离 t 期越近，权重 $(1-g)^{i-1}$ 越大，则越近期的经济波动被赋予对参数 Q_t 更大的影响力；而在 *RLS* 中，各期经济波动对 Q_t 的影响力均相同。由于我国当前正处于经济转型的重要时期，经济结构尚不稳定，使用 CGLS 方法可以更有效地捕捉实际波动。

令 $R_t = g \sum_{i=1}^{t} (1-g)^{i-1} \eta_{t-i} \eta'_{t-i}$，$N_{1t} = g \sum_{i=1}^{t} (1-g)^{i-1} \eta_{t-i} y_{t-i+1}$，$N_{2t} = g \sum_{i=1}^{t} (1-g)^{i-1} \eta_{t-i} \pi_{t-i+1}$，则 $Q_{1t} = R_t^{-1} N_{1t}$、$Q_{2t} = R_t^{-1} N_{2t}$，经简单推导[①]可得如下迭代方程组：

$$Q_{1t} = Q_{1t-1} + g R_t^{-1} \eta_{t-1} (y_t - \eta'_{t-1} Q_{1t-1}) \tag{7.18}$$

$$Q_{2t} = Q_{2t-1} + g R_t^{-1} \eta_{t-1} (\pi_t - \eta'_{t-1} Q_{2t-1}) \tag{7.19}$$

$$R_t = R_{t-1} + g(\eta_{t-1} \eta'_{t-1} - R_{t-1}) \tag{7.20}$$

其中，R_t 是迭代过程中出现的过渡矩阵。g 一般介于 0 和 1 之间，可看作预测误差对本期参数更新的影响程度。g 越小，说明在参数更新时预测误差影响越小，公众的预期越理性，故理性预期实际上可看作适应性学习在 $g=0$ 时的极端情形（Orphanides & Williams，2004）。式（7.18）至式（7.20）便构成了公众更新参数 φ_t 的核心算法，只要给定初始值 R_{t_0} 和 φ_{t_0}，再结合式（7.7）和式（7.15）便可通过迭代运算不断更新参数 φ_t。将由 CGLS 方法得到的参数值代入式（7.15），即可得到宏观经济变量 H_t 的实际走势。

---

① 由于篇幅限制，详细过程不再赘述，如有需要可向作者索取。

第三节　货币政策模拟

一、参数校准

本小节在对由式（7.7）、式（7.15）、式（7.18）至式（7.20）构成的适应性学习系统进行动态数值模拟分析前，首先对参数进行校准。须校准的模型参数主要包括 IS 曲线中产出缺口的利率弹性 $-\phi$、Phillips 曲线中的通胀预期系数 β 和产出缺口权重 λ。这些参数的大小可体现我国当前经济运行状况的基本特征，因此校准结果均选自有关中国现实分析的经验文献。

传统新凯恩斯菲利普斯曲线建立在统一劳动力市场假设基础上，与我国实际情形并不相符。巩师恩和范从来（2013）考虑到在我国二元经济结构下，从事非农业劳务的劳动力具有二元特性，因此他们基于新凯恩斯菲利普斯曲线模型构建了二元劳动力结构下的通货膨胀动态方程。实证结果显示，我国预期通胀率对实际通胀率的影响系数达到 0.76，这说明预期在我国经济运行中具有重要影响。同时，目前我国各地区经济发展和对外开放程度差异较大，东西部差距尤为明显，这一不平衡现状将对菲利普斯曲线产生重要影响。吕越和盛斌（2011）考虑到上述问题，在研究时采用了 2001—2009 年我国 30 个省份的面板数据进行分析，他们发现在考虑到地区差异后我国通胀预期的影响系数大约在 0.814 左右。以上研究较好兼顾了我国经济的特殊性，故采用他们的研究结果并取均值，将通胀预期反应系数 β 定为 0.787，这也与众多学者的研究结果基本相近（曾利飞等，2006；杨小军，2011；王艺明和蔡昌达，2013 等）。

据奚君羊、贺云松（2010）的估计，我国产出缺口对实际通胀的影响力大约在 0.28 左右，与此相近，刘斌（2003）的估计结果为 0.27。耿强等（2009）在开放经济下实证研究了我国通货膨胀的动态特性，在充分考虑汇率传递的滞后效应、工具变量选择的稳健性等问题后，他们计算出产出缺口的影响系数在 0.16~0.23。于光耀和徐娜（2011）的研究也显示产出缺口的影响力应该在 0.2~0.3。目前学界对产出缺口的影响力的估计存在较大分歧，如陈彦斌（2008）认为产出缺口对通货膨胀的影响存在滞后效应，当期产出缺口影响系数为负且不显著；而在刘金全、姜梅华（2011）的估计中，产出缺口系数则高达2.25。经验结果的差异很大程度源于样本区间、数据频率及模型设定等诸多因素，与多数研究一致，本节将产出缺口权重定为0.25。

目前，国内多数研究是在动态随机一般均衡框架内分析 IS 曲线的，如李春吉等（2010），而鲜有专门关于动态 IS 曲线的经验文献。刘斌（2003）利用 GMM 方法估计了我国的动态 IS 曲线，结果显示实际利率系数为 -0.14；McCallum 和 Nelson（1999）的基准研究发现在美国这一系数为 -0.164。考虑到我国利率市场化尚未彻底完成，经济增长中由政府主导的投资占比较大，因而我国的产出对利率敏感度应该不及美国。基于以上考虑，本节选取刘斌（2003）的实证结果，令 $\phi = 0.14$。以上校准结果与其他参数设定情况见表7-1。

表7-1 适应性学习系统的部分参数校准结果

参数	ϕ	β	λ	κ	ν	σ_d	σ_s
校准值	0.14	0.787	0.25	0.8	0.8	0.1	0.1

由式（7.18）至式（7.20）构成的方程组在迭代前须先给定初始值 R_{t_0} 和 φ_{t_0}，令 $\varphi_{t_0} = \overline{\varphi}$、$R_{t_0} = M(\overline{\varphi})$。其中，$\overline{\varphi}$ 为由式（7.6）和式（7.7）构成的基本模型的理性预期均衡解，$M(\overline{\varphi})$ 是二阶矩阵，由 PLM 到 ALM 的映射所对应的 Jacobian 矩阵变换而来[①]。同时，将迭代次数设为 200 期，y、π、d、s 在模拟中的初始值均设为 0。为尽量平抑式（7.3）中冲击的随机性对模拟结果的影响，同一试验均重复 1000 次。

在本章构造的新凯恩斯模型中，由中央银行控制的政策参数 δ_π、δ_y 及参数更新方程中的常数 g 均会影响实际经济偏离理性预期均衡水平的程度。通过对 δ_π、δ_y 和 g 的不同赋值，可甄别出最优政策反应函数。卞志村、孙俊（2011）在包含汇率因素的利率规则中，依据利率对通货膨胀、产出缺口和汇率的反应程度，将货币政策分为严格通货膨胀目标制、灵活通货膨胀目标制、有管理的浮动汇率制和浮动汇率制。本节继续沿用这一思路，假设中央银行使用利率工

---

① 详细求解方法可参考 Evans 和 Honkapohja（2001）、Giannitsarou（2005）等人的研究。

具调节经济，依据利率对产出缺口预期和通胀预期的反应力度，将中央银行货币政策反应类型划分为五类[①]（见表7-2），同时适应性学习中的关键参数 g 分别取 0.01、0.05 和 0.25[②]。

表7-2 中央银行货币政策反应类型

政策类型	严格通货膨胀目标制	灵活通货膨胀目标制	混合名义收入目标制	灵活产出缺口目标制	严格产出缺口目标制
(δ_π, δ_y)	(1, 0)	(1, 0.5)	(1, 1)	(0.5, 1)	(0, 1)

根据 Bullard 和 Mitra（2002）的分析，当使用前瞻型利率规则作为货币政策反应函数时，为确保理性预期均衡的确定性和稳定性，模型参数必须满足以下条件：

$$\delta_y < \frac{1}{\varphi}\left(1 + \frac{1}{\beta}\right) \tag{7.21}$$

$$\lambda(\delta_\pi - 1) + (1 + \beta)\delta_y < \frac{2}{\varphi}(1 + \beta) \tag{7.22}$$

$$\lambda(\delta_\pi - 1) + (1 - \beta)\delta_y > 0 \tag{7.23}$$

式（7.21）至式（7.23）是预期均衡的确定性条件，式（7.23）同时也是预期均衡的稳定性条件。从中可以看出，中央银行对产出缺口预期或通胀预期的过度反应将导致模型出现多重均衡。经计算，本节设定的灵活通货膨胀目标制、混合名义收入目标制和灵活产出缺口目标制满足条件式（7.21）至式（7.23），而在严格通货膨胀目标制和严格产出缺口目标制下，模型将出现多重均衡解。

由于中央银行在货币政策实践中需要同时兼顾各方面的考虑，因而实际货币政策操作不会在完全满足式（7.21）至式（7.23）的条件下实行。如谢平和

---

① 这里的目标制规则是根据利率与利率调控对象之间的关系来确定的。而 Svensson（1999）给出的经典目标制定义是依据中央银行目标函数中产出缺口与通货膨胀权重大小确定的，根据这一传统定义可推导出各目标制对应的最优利率规则，具体可参考 Honkapohja 和 Mitra（2001）、Evans 和 Honkapohja（2006）等人的研究。

② g 介于 0~1，但越接近 1，所得参数实际值与均衡值的偏离程度也将迅速扩大。借鉴 Orphanides 和 Williams（2004）将 g 设为 0.025、0.05 和 0.075 的做法，本节也将 g 设在一较小区间内，这一做法只是为了数据表达的简洁，而不会影响最终结论。

罗雄（2002）、陆军和钟丹（2003）、卞志村（2006）等均发现，我国利率对通货膨胀反应不足，泰勒规则会使模型出现多重解。郑挺国、刘金全（2010）采用区制转移形式的泰勒规则进一步分析了我国货币政策操作，他们发现我国在1992年第四季度至1993年第三季度、1997年第四季度至1999年第四季度和2008年第四季度至2009年第二季度的泰勒规则是稳定的，在其他区间内呈现出不稳定性。因此，我国货币政策操作在有些时期的确不会完全满足条件式（7.21）至式（7.23）。即使中央银行的货币政策操作会导致经济出现多重均衡，只要将其中满足稳定性条件的解作为公众可学习均衡解，就可进一步深入评判各目标制下经济对均衡水平的偏离程度，从而避免为满足式（7.21）至式（7.23）条件而将货币政策参数人为限制在理想水平的做法①。因此，为进一步比较各目标制的优劣，在进行货币政策模拟时，本节将多重均衡解中满足预期稳定性条件的解作为公众的可学习均衡解，从而将评判最优货币政策的标准由是否满足预期确定性和稳定性条件拓展为实际经济对理性预期均衡水平的偏离度最小化。

二、偏离度分析

接下来，我们通过模拟试验比较不同中央银行政策反应类型和适应性学习参数 g 构成的组合中实际经济对理性预期均衡水平的偏离程度，并依据偏离度最小化准则甄别最优货币政策。为比较不同组合的实际值对均衡水平的偏离程度，首先作如下定义：

$$产出缺口偏离度 = \sum \left| \frac{实际产出缺口 - 均衡产出缺口}{均衡产出缺口} \right|$$

$$通货膨胀偏离度 = \sum \left| \frac{实际通货膨胀 - 均衡通货膨胀}{均衡通货膨胀} \right|$$

产出缺口偏离度越小，说明实际产出缺口与均衡水平越接近，对应的货币政策也就越优；同理，通货膨胀偏离度越小，说明实际通货膨胀与均衡水平越接近，对应的货币政策也越优。

---

① 在完全满足预期确定性和稳定性条件下进行分析虽然符合理论需要，但实际上，货币政策实践并不一定完全满足这些条件，因而无法与不稳定的货币政策操作进行对比。

表 7 - 3   各目标制下的可学习均衡解与二阶矩阵

政策反应类型	可学习均衡解 $\overline{\varphi}$	二阶矩阵 $M(\overline{\varphi})$
严格通货膨胀目标制	$\begin{pmatrix} 4 & 0 \\ 2.6998 & 2.1598 \end{pmatrix}$	$\begin{pmatrix} 0.0266 & 0.0014 \\ 0.0014 & 0.0254 \end{pmatrix}$
灵活通货膨胀目标制	$\begin{pmatrix} 3.125 & 0 \\ 2.1092 & 2.1598 \end{pmatrix}$	$\begin{pmatrix} 0.0269 & 0.0037 \\ 0.0037 & 0.0245 \end{pmatrix}$
混合名义收入目标制	$\begin{pmatrix} 2.5641 & 0 \\ 1.7306 & 2.1598 \end{pmatrix}$	$\begin{pmatrix} 0.0367 & -0.0012 \\ -0.0012 & 0.0254 \end{pmatrix}$
灵活产出缺口目标制	$\begin{pmatrix} 2.9175 & 0.4411 \\ 1.9692 & 2.4575 \end{pmatrix}$	$\begin{pmatrix} 0.0247 & -0.001 \\ -0.001 & 0.0328 \end{pmatrix}$
严格产出缺口目标制	$\begin{pmatrix} 3.384 & 1.0232 \\ 2.284 & 2.8505 \end{pmatrix}$	$\begin{pmatrix} 0.0245 & 0.003 \\ 0.003 & 0.023 \end{pmatrix}$

表 7 - 3 给出了由式（7.6）和式（7.7）构成的基本模型的理性预期均衡可学习解 $\overline{\varphi}$ 和对应二阶矩阵 $M(\overline{\varphi})$ 在各目标制下的最终结果[①]。图 7 - 1 至图 7 - 5 分别给出了各目标制下参数 φ_t 的实际走势与对应均衡水平的比较。其中，虚线表示 φ_t 的均衡值，实线表示 φ_t 的实际走势。各图从上至下依次为 $g = 0.01$、0.05 和 0.25 时的情形。从 φ_t 的均衡值大小来看，混合名义收入目标制下 φ_t 的均衡值最小，灵活通货膨胀目标制和灵活产出缺口目标制其次，而严格通货膨胀目标制和严格产出缺口目标制最大。从组间对比来看，对应位置的参数 φ_t 波动趋势基本一致；从组内比较来看，φ_1 和 φ_3、φ_2 和 φ_4 的数值水平各不相同，在波动趋势上也存在较大差异。

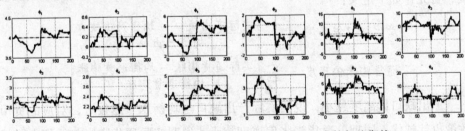

图 7 - 1   严格通货膨胀目标制下参数 φ_t 的实际走势与均衡值

[①] 由于在部分目标制下模型存在多重均衡解，这里给出的可学习解是其中满足预期稳定性条件的均衡解，具体求解利用了 MATLAB 软件，相关理论可参考 Evans 和 Honkapohja（2001）、Giannitsarou（2005）等经典文献。

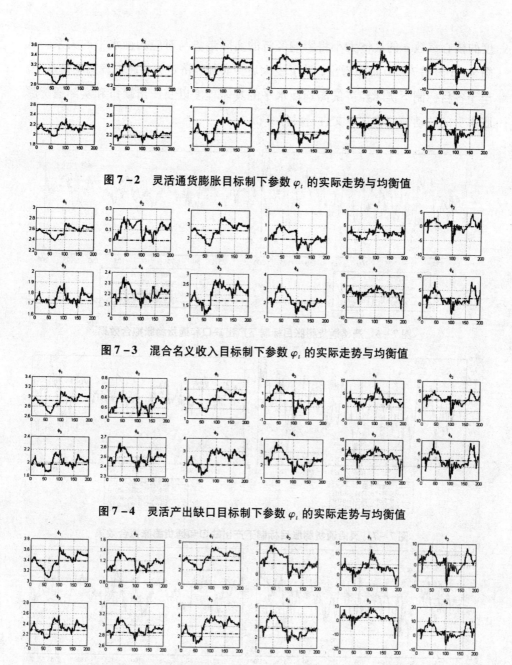

图 7 - 2　灵活通货膨胀目标制下参数 φ_t 的实际走势与均衡值

图 7 - 3　混合名义收入目标制下参数 φ_t 的实际走势与均衡值

图 7 - 4　灵活产出缺口目标制下参数 φ_t 的实际走势与均衡值

图 7 - 5　严格产出缺口目标制下参数 φ_t 的实际走势与均衡值

图 7 - 6 至图 7 - 10 分别给出了各目标制下产出缺口和通货膨胀实际值与对应均衡水平的比较。将适应性学习引入新凯恩斯模型后，代表公众预期理性程

度的核心参数 g 的具体大小将影响经济的实际走势与对应均衡水平的关系。从图 7-6 至图 7-10 可以看出，当 g 变大后，实际经济走势将越发偏离均衡水平。至于各目标制下实际经济偏离均衡水平的具体程度以及产出缺口和实际通货膨胀本身的波动情况将在下文进行具体分析。

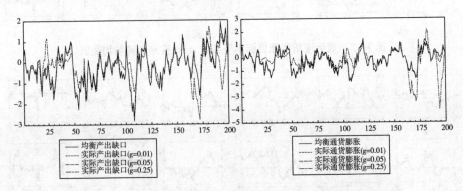

图7-6 严格通货膨胀目标制下产出缺口和通货膨胀拟合效果

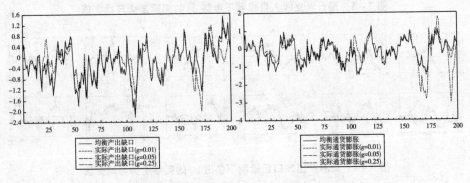

图7-7 灵活通货膨胀目标制下产出缺口和通货膨胀拟合效果

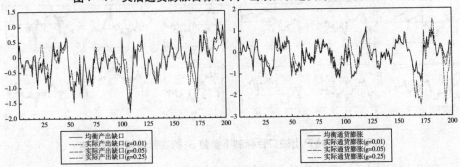

图7-8 混合名义收入目标制下产出缺口和通货膨胀拟合效果

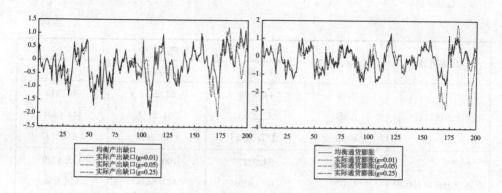

图 7 - 9　灵活产出缺口目标制下产出缺口和通货膨胀拟合效果

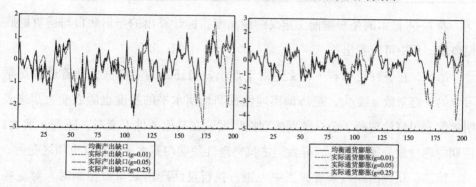

图 7 - 10　严格产出缺口目标制下产出缺口和通货膨胀拟合效果

表 7 - 4　　　　　　　　　经 1 000 次重复试验后的模拟结果

政策类型	g	偏离度（%）		
		产出缺口	通货膨胀	Σ
严格通货膨胀目标制	0.01	21.2385	22.2878	43.5263
	0.05	79.4391	162.7696	242.2087
	0.25	364.0928	1 026.619	1 390.712
灵活通货膨胀目标制	0.01	20.1202	22.7981	42.9183
	0.05	71.3188	84.3682	155.687
	0.25	306.8904	302.1169	609.0073
混合名义收入目标制	0.01	17.411	62.6332	80.0442
	0.05	63.3407	374.9351	438.2758
	0.25	257.962	1 023.606	1 281.568

续表

政策类型	g	偏离度（%）		
		产出缺口	通货膨胀	Σ
灵活产出缺口目标制	0.01	14.4504	62.2939	76.7443
	0.05	52.2033	391.8111	444.0144
	0.25	157.8792	1 235.698	1 393.577
严格产出缺口目标制	0.01	34.9727	100.8552	135.8279
	0.05	103.3056	423.6484	526.954
	0.25	188.7323	1 440.64	1 629.372

表7-4显示的是根据前文定义的偏离度指标计算出的产出缺口与通货膨胀偏离度。从中可以看出：

第一，在各种目标制下，无论对于产出缺口还是通货膨胀，随着适应性学习中的关键常数g变大，经济偏离理性预期均衡水平的程度也随之变大。这表明参数g很好地刻画了公众预期的理性程度：在其他条件不变时，随着g增大，预期的理性成分逐渐降低，导致经济偏离理性预期均衡水平的程度也随之变大。

第二，从产出缺口来看，当中央银行执行灵活产出缺口目标制时，对应各层次的参数g，实际产出缺口对理性预期均衡水平的偏离程度均是最小的。在前四类目标制中，随着利率反应函数中产出缺口预期的相对权重不断增大，实际产出缺口偏离度显著降低。但如果中央银行完全忽视应对经济中存在的通胀预期，而只关注产出缺口预期（即实行严格产出缺口目标制），却反而难以促进产出缺口在均衡水平运行，这表明过分重视产出目标将无法有效减小产出缺口偏离度。因此，如果中央银行给予通货膨胀足够的重视，努力为经济发展营造良好的货币环境，将会促使经济更好地在均衡水平附近运行[①]。

第三，从通货膨胀来看，中央银行执行灵活通货膨胀目标制的效果要显著优于其他目标制。严格通货膨胀目标制在g取0.01时效果略微优于灵活通货膨胀目标制，但当g取0.05或0.25时，效果则明显不如灵活通货膨胀目标制。由

---

① Orphanides 和 Williams（2004）的研究也表明，在公众不完美认知视角下，过分重视产出的货币政策产生的效果将不尽如人意。

于目前我国经济社会正处于全面转型时期，经济市场化的相关规范还未完全确立，经济主体预期的理性程度可能不会太高，故从整体来看，实施严格通货膨胀目标制对我国来说很可能并非最佳选择。当利率对产出缺口预期完全反应时，更加重视通胀目标的制度可有效降低通货膨胀偏离度，这点可从混合名义收入目标制、灵活产出缺口目标制和严格产出缺口目标制的比较中得出。

综上分析，当前我国中央银行如采用灵活产出缺口目标制可最为有效地降低产出缺口偏离度；而采用灵活通货膨胀目标制可最为有效地降低通货膨胀偏离度。鉴于在某段特定时期内中央银行一般只能采用其中一种目标制[①]，为甄别究竟哪一种政策最优，本节假设相同的产出缺口和通货膨胀偏离度给中央银行带来的损失等价。由表7 – 4可知，不管公众预期的理性程度如何，实施灵活通货膨胀目标制产生的总偏离度最小、效果最优；而在给定这一最优政策后，进一步提高公众预期的理性程度将会更好地促进实际经济向均衡水平发展。

三、均值—标准差分析

在传统货币政策分析中，中央银行的效用损失函数通常被假定为如下形式：

$$V = Var(y_t) + \omega Var(\pi_t) \tag{7.24}$$

参数 ω 反映了中央银行对通货膨胀的相对重视程度。当 $\omega = 1$ 时，表明产出缺口和通货膨胀每变化1%给中央银行带来的效用损失相同。这一损失函数暗示中央银行希望维持经济中的产出缺口和通货膨胀波动最小化，此时随着自然产出水平的提高，经济中的实际产出也将增加，同时不会带来价格水平的过度波动。《中国人民银行法》明确规定我国的货币政策目标是"保持货币币值的稳定，并以此促进经济增长"。稳定币值是货币政策的直接目标，经济增长是其最终目标，把稳定币值作为促进经济增长的重要保证，其本质是要为经济增长提供稳定的货币金融环境。在偏离度分析中，我们也发现过分重视产出目标无法有效减小产出缺口偏离度，相反如果中央银行给予通货膨胀足够的重视，将能有效降低产出缺口偏离度，促进经济更加平稳增长。但是，现实中出于各种考

①　另外，出于维护中央银行声誉的考虑和理论分析的便利性，本节限定一定时期内中央银行只能采用某一特定目标制。

虑，中央银行往往希望得到较高的产出和较低的通货膨胀，即中央银行一般都希望能够在低通货膨胀的基础上进一步提高产出，有时甚至为提高产出而牺牲物价稳定。

考虑到产出缺口与通货膨胀的水平值以及波动率是中央银行的重要观测对象，进一步引入均值和标准差指标以分析各目标制下的货币政策效果，并比较偏离度分析与均值—标准差分析所得结论的异同。在分析前，我们首先假定中央银行更偏好产出缺口的（高均值、低波动）组合，同时也希望通货膨胀接近0且波动越小越好。

表7-5　　　　　　　　产出缺口与通货膨胀的均值和标准差情况

政策类型	g	产出缺口			通货膨胀	
		均值	标准差	$\dfrac{均值}{标准差}$	均值	标准差
严格通货膨胀目标制	0.01	-0.2282	0.7936	-0.2876	-0.1789	0.6842
	0.05	-0.2384	0.7667	-0.3109	-0.2008	0.6581
	0.25	-0.2017	0.6823	-0.2956	-0.1911	0.8568
灵活通货膨胀目标制	0.01	-0.1786	0.6209	-0.2877	-0.1458	0.5954
	0.05	-0.1877	0.6069	-0.3093	-0.1678	0.5819
	0.25	-0.1644	0.5399	-0.3045	-0.1683	0.7278
混合名义收入目标制	0.01	-0.1455	0.5078	-0.2865	-0.1222	0.5407
	0.05	-0.1529	0.4994	-0.3062	-0.1428	0.5303
	0.25	-0.1378	0.4601	-0.2995	-0.1520	0.6525
灵活产出缺口目标制	0.01	-0.1708	0.5888	-0.2901	-0.1401	0.6203
	0.05	-0.1836	0.5794	-0.3169	-0.1642	0.6043
	0.25	-0.1787	0.5392	-0.3314	-0.1805	0.7693
严格产出缺口目标制	0.01	-0.2050	0.7089	-0.2892	-0.1637	0.7130
	0.05	-0.2270	0.7005	-0.3241	-0.1944	0.6914
	0.25	-0.2319	0.6944	-0.3339	-0.2165	0.9109

从表7-5可以看出：

第一，各目标制下的通货膨胀均值水平与常数 g 大致成反向关系，而产出缺口却表现出较强的非单调特征。与此相反的是，各目标制下的产出缺口标准差与常数 g 大致成反向关系，而通货膨胀却表现出较强的非单调特征。

第二，从产出缺口来看，均值与对应标准差之间的关系呈现出较强的非单调特征。为进一步分析，定义一个指标：$\dfrac{\text{均值}}{\text{标准差}}$，这一指标表示单位波动对应的均值水平。对产出缺口来说，这一指标值越大，对应的目标制越优。从这一指标判断，实行混合名义收入目标制最优，而偏重通胀目标的制度要优于偏重产出目标的制度。

第三，从通货膨胀来看，混合名义收入目标制无论在均值水平还是波动程度上都是最优的，因此中央银行可通过实施混合名义收入目标制以有效控制通货膨胀，而灵活通货膨胀目标制的效果稍逊于混合名义收入目标制，但相对其他三类目标制则明显占优。

综合来看，在均值—标准差分析中，混合名义收入目标制的政策效果最优，灵活通货膨胀目标制的效果总体来看是次优的。这一结论与偏离度分析得出的结果有所不同，但两种分析都验证了灵活通货膨胀目标制和混合名义收入目标制相对其他目标制来说都占优，而偏重或完全盯住产出的政策都是非有效的。此外，从预期确定性和稳定性条件来看，这两类目标制也都是有效的。因此，灵活通货膨胀目标制和混合名义收入目标制均可成为我国中央银行货币政策的有效实现形式。

以上分析表明，无论是中央银行的政策反应类型还是公众预期的理性程度都会对货币政策效果产生影响。从偏离度分析来看，最优货币政策是执行灵活通货膨胀目标制；而在均值—标准差分析中，混合名义收入目标制是最优的。中央银行无论是采用灵活通货膨胀目标制还是混合名义收入目标制，其要旨都是在兼顾产出的同时也要重视通货膨胀，从而使我国经济更加平稳、协调发展。本节的政策模拟所得出的只是定性结论，至于在实际操作中利率究竟应对产出和通货膨胀进行多大程度的反应还须作进一步深入研究。

第四节　结论及政策建议

本章在新凯恩斯主义模型框架内分析了我国最优货币政策选择问题。在模型预期项的处理上，通过引入适应性学习以替代传统的理性预期假设，这一做法不仅是对理性预期假设的适当放松，而且通过其中关键参数 g 的设定可以实现对预期理性程度的定量描述。通过利率反应函数中产出缺口预期和通胀预期权重的改变，本章将中央银行政策反应类型分为严格通货膨胀目标制、灵活通货膨胀目标制、混合名义收入目标制、灵活产出缺口目标制和严格产出缺口目标制五类，并进行了比较分析。当引入适应性学习后，由中央银行决定的政策参数将直接影响现实经济对理性预期均衡水平的偏离程度，因此中央银行采用何种货币政策以确保现实经济对均衡水平的偏离最小化应成为货币政策选择的重要考虑方向。在实证研究时，本章使用了偏离度、均值和标准差等指标多角度分析了货币政策效果。

　　本章的模拟研究得出了灵活通货膨胀目标制和混合名义收入目标制较其他目标制更优的结论。我国中央银行可考虑采用既重视产出因素也重视通胀因素的目标政策，以促进经济平稳增长。无论在何种目标制下，只要公众预期的理性程度越高，现实经济偏离理性预期均衡水平的程度就越小。因此，货币政策要取得最佳效果，不仅取决于中央银行货币政策工具的使用，同时也取决于社会公众的预期行为，而货币政策在引导公众预期方面应当有所作为。为提高经济运行质量，中央银行应着力降低公众预期中的参数 g，为此应增强自身声誉机制建设、进一步完善信息披露制度、拓宽与公众沟通的渠道并提高沟通频率，通过及时更新信息披露内容引导公众更新信息并迅速调整预期和决策。从长远角度来看，为提高我国居民的宏观预期水平，政府应着力提高教育质量、提升公众的市场意识，同时为保证信息披露的准确性，还须进一步构建科学的、多层次的宏观数据调查统计体系，努力提高数据的精确性、及时性和有效性。

　　在偏离度分析中，货币政策效果不仅取决于中央银行政策类型而且也受到公众预期的理性程度影响，因此其在用于分析货币政策调控优劣的同时也更加凸显了货币政策的预期引导功能，这是均值—标准差分析以及传统的最优货币政策分析框架所不具备的特点。然而，通过偏离度分析和均值—标准差分析所得到的结论存在一定的冲突，因此如何将评判最优货币政策的各种标准纳入一个统一的框架应成为未来货币政策分析的重要研究方向。此外，适应性学习中的关键参数 g 虽然可以定量描述预期的理性程度，但其本身却是外生给定的。事实上，随着货币政策预期引导功能的重要性日益凸显，g 的取值在分析货币政策效果时将产生十分重要的影响。因此，如何将适应性学习的关键参数 g 内生于一个统一的完整框架，从而更加全面、系统地评判货币政策优劣将成为适应性学习理论今后的重要发展方向之一。最后，从货币政策实践来看，如何测算当前我国公众宏观经济预期的整体理性程度，从而将其量化结果反映在参数 g 的取值上以便精确分析政策效果，值得深入研究。

第八章

新常态下货币政策调控转型的政策建议

当前，我国经济金融运行中存在"货币空转"、金融资源配置效率低下、产能过剩和房地产过热等一系列突出问题，货币政策调控面临重大挑战；同时，经济发展新常态下稳增长、调结构、促改革、惠民生和防风险等重大任务给货币政策制定与实施提出了新的要求。一方面传统货币政策调控弊端显露，另一方面货币政策效果欠佳，略显乏力，因此，面对复杂的内外部经济环境，面对新常态下的新要求，我国货币政策亟须转型。

习近平总书记在2014年底召开的中央经济工作会议上指出我国经济正在向形态更高级、分工更复杂、结构更合理的阶段演化，经济发展进入"新常态"，正从高速增长转向中高速增长，经济发展方式正从规模速度型粗放增长转向质量效率型集约增长，经济结构正从增量扩能为主转向调整存量、做优增量并存的深度调整，经济发展动力正从传统增长点转向新的增长点。认识"新常态"，适应"新常态"，引领"新常态"，是当前和今后一个时期我国经济发展的重大任务。经济发展进入"新常态"，给以往宏观调控手段带来了一系列新挑战：首先，"新常态"下的经济注重发展质量与效率，而以往财政货币政策调控更多考虑总量，如何既要保证质量又兼顾总量，是财政货币政策调控面临的挑战。其

156

次，"新常态"下的经济注重结构调整与产业转型升级，过去宏观调控政策采取的是笼统的、"一刀切"方式，如何定向调控、结构性调控，做到精准发力，是政策调控面临的又一挑战。《中共中央关于制定国民经济和社会发展第十三个五年规划的建议》提出，创新和完善宏观调控方式。按照总量调节和定向施策并举、短期和中长期结合、国内和国际统筹、改革和发展协调的要求，完善宏观调控，采取相机调控、精准调控措施，适时预调微调，更加注重扩大就业、稳定物价、调整结构、提高效益、防控风险和保护环境。面对经济"新常态"下的新挑战与"十三五"规划的新要求，如何创新宏观调控思路和方式，转型财政货币调控政策，致力于经济行稳致远，是当前宏观调控部门需要思考的新命题。

第一节 货币政策调控应立足于物价稳定

我国货币政策的最终目标是"保持货币币值的稳定，并以此促进经济增长"（《中国人民银行法》第三条）。价格稳定对一国经济至关重要，一旦价格水平出现大幅波动，会造成相当大的实际扭曲，从而导致实际经济出现无效率变动。因此，"新常态"下我国货币政策转型应立足于物价稳定。通过分析 CPI 与 PPI 两个物价指数走势可以看出（见图 8 - 1），一方面，2012 年 9 月以前，CPI 与

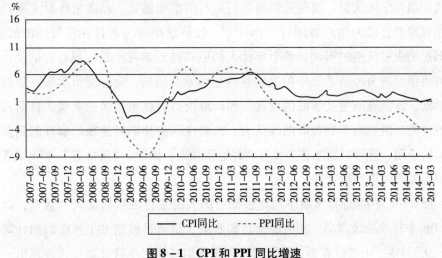

图 8 - 1 CPI 和 PPI 同比增速

PPI 的变动趋势具有很高的一致性。随后，两者之间出现明显的背离现象：CPI 同比增速持续走低，但较为温和；PPI 则一直处于同比负增长状态，但增速有升有降。另一方面，两指数的波动幅度都较以往大幅下降，呈现"微波化"常态。我国货币政策转型立足于物价稳定，应如何协调两指数的背离？又应以何种物价指数作为主要参考依据？

对于第一个问题，两指数的结构化背离，一种可行的解决办法是，处理好货币政策与财政政策的协调配合，主动型货币政策与被动型财政政策体制将是一个很好的选择。发挥货币政策主导作用，以稳定物价；同时财政政策相配合，以处理好结构化问题。正是由于当前我国政府采取了"微刺激"财政政策，才对上游价格指数在一定程度上起到了托底作用。

对于第二个问题，我们认为可以考虑核心通胀率。我国核心 CPI 指数是原 CPI 指数剔除食品和能源部分得到的。食品和能源的价格粘性较低，近年来波动幅度较大，对 CPI 有很大影响，这可能会引致我国货币政策过激反应。因此，我国货币政策转型可立足于稳定有较大粘性的核心通胀率。

第二节　货币政策转型须注重预期管理

在现代经济中，公众预期是影响物价水平的重要因素之一。早在 20 世纪 60 年代，瑞典学派认为，预期是影响经济运行的重要因素，经济主体对未来价格的主观预期会成为生产者制订生产计划、经济活动参与者订立新契约的依据，从而影响未来价格的形成。那个年代人们更多把预期看作是主观心理活动，并没有将预期视为经济系统中的决定性内生因素。后来，通过货币学派、理性预期学派、新凯恩斯主义学派的发展，预期理论得到越来越多的重视。目前占主流地位的新凯恩斯菲利普斯曲线认为，前瞻性通胀预期对通胀的解释起到至关重要的作用，管理好通胀首先要管理好通胀预期。因此，"新常态"下我国货币政策转型须注重预期管理。

图 8 - 2 中的通胀预期序列是根据中国人民银行城镇居民调查数据，运用 C - P 概率转换法求得的。相应的通货膨胀率，是通过城镇 CPI 月度数据计算得到。从图 8 - 2 中可以看到，城镇居民通胀预期随通胀率持续走低，表现出一定

的适应性。最新数据表明，通胀预期比实际通胀率略低，很可能进一步拉低通胀率，说明我国仍然存在通货紧缩风险。

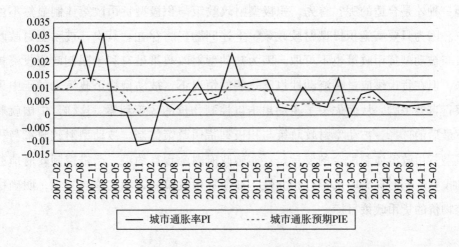

图8-2 城市通胀率和通胀预期

那么如何来引导通胀预期呢？我们认为，关键要提高我国货币政策透明度。许多研究表明，我国货币政策透明度比发达国家低很多，提高货币政策透明度可以有效降低通胀预期偏差。至于如何提高货币政策透明度，应从多方面努力，最重要的是要加强央行信息披露。实证研究发现，央行信息披露比传统货币政策工具在引导公众预期方面时滞更短。同样地，也可以加强媒体信息披露，发挥信息引导功能。其实，通过信息披露，也可以有效地促进信息吸收，在一定程度上可以提高公众学习效率，降低我国信息粘性程度。由于央行信息披露是面向公众的，这必然也关系到央行的信誉，所以已公布的信息会影响到未来的决策，从而也使得政策制定不会因决策者的主观个性而太过随意。

第三节　加强货币财政政策的协调配合

我国财政货币政策体制应转向主动型货币政策与被动型财政政策协调配合。长期以来，中国一直将通货膨胀调控目标区间设定在2%~4%的水平。但从2010年10月开始，CPI突破4%后就一直处于高位，直至2011年，仍未见其出现明显下降趋势，这是实施积极型财政政策和被动型货币政策体制的结果。财政货币政策体制转变势在必行，问题是，在剩下的三种财政货币政策体制中，哪一种才是合适的呢？首先，积极型财政政策与积极型货币政策体制显然不可取。因为只要实施积极型财政政策，上述问题仍将存在。其次，被动型财政政策与被动型货币政策也不可取。因为被动型财政政策虽有利于限制政府投资扩张，但在货币供应量和流动性也已过剩的情况下，被动型货币政策无异于中央银行自缚手脚，从而失去了主动出击以控制物价的政策利器。这样，中国就剩下最后的选择：被动型财政政策与积极型货币政策体制。被动型财政政策与积极型货币政策体制配合的要旨是：实施政府财政预算约束，严格控制政府债务和投资，同时提高中央银行独立性，加强货币政策制定和实施自主权，明确稳定物价的货币政策目标。

第四节　货币政策操作规范应转向价格型

根据现代宏观经济理论，货币政策规则有两大基本类型：数量型和价格型。我国长期以来采用数量型货币政策规则，政策调控以货币供应量为主要盯住目标。但已有研究表明，价格型工具更适合于在短期内平抑经济波动。当前，我国资本市场不断完善，金融创新日益涌现，对货币供应量的测度和调控愈发困难，而进行价格型调控的条件日趋完备。此外，价格型工具相对于数量型工具更加透明，能够更好地传递信息，引导公众预期。为此，我国央行在不放弃数量型工具的同时，应逐渐增加价格型工具的调控比例，综合运用各创新型政策工具构建利率走廊，最终实现向货币调控价格型规则的转型。

参 考 文 献

[1] [美] 卡尔·瓦什. 货币理论与政策 [M]. 上海：格致出版社，2012.

[2] 卞志村，高洁超. 基于 NKPC 框架的我国通货膨胀动态机制分析 [J]. 国际金融研究，2013 (11)：27 – 35.

[3] 卞志村，高洁超. 适应性学习、宏观经济预期与中国最优货币政策 [J]. 经济研究，2014 (4)：4 – 32.

[4] 卞志村，孙慧智，曹媛媛. 金融形势指数与货币政策反应函数在中国的实证检验 [J]. 金融研究，2012 (8)：44 – 55.

[5] 卞志村，孙俊. 中国货币政策目标制的选择——基于开放经济体的实证 [J]. 国际金融研究，2011 (8)：4 – 12.

[6] 卞志村，张义. 央行信息披露、实际干预与通胀预期管理 [J]. 经济研究，2012 (12)：15 – 28.

[7] 卞志村. 泰勒规则的实证问题及在中国的检验 [J]. 金融研究，2006 (8)：56 – 59.

[8] 卞志村. 转型期中国货币政策操作规范 [J]. 世界经济，2007 (6)：35 – 47.

[9] 曹永琴. 中国货币政策非对称效应形成机理研究——基于价格传导机制的视角 [J]. 南方经济，2010 (2)：62 – 73.

[10] 曹永琴. 中国货币政策行业非对称效应研究——基于 30 个行业面板数据的实证研究 [J]. 上海经济研究，2011 (1)：3 – 15.

[11] 曾利飞，徐剑刚，唐国兴. 开放经济下中国新凯恩斯混合菲利普斯曲线 [J]. 数量经济技术经济研究，2006 (3)：76 – 84.

[12] 陈涤非，李红玲，王海慧，张建平. 通胀预期形成机理研究——基于 SVAR 模型的实证分析 [J]. 国际金融研究，2011 (3)：29 – 36.

[13] 陈昆亭，龚六堂. 粘滞价格模型以及对中国经济的数值模拟——对基本 RBC 模型的改进 [J]. 数量经济技术经济研究，2006 (8)：106 - 117.

[14] 陈平，李凯. "适应性学习"下人民币汇率的货币模型 [J]. 经济评论，2010 (3)：48 - 56.

[15] 陈学彬. 非对称信息与政策信息披露对我国货币政策效应的影响分析 [J]. 经济研究，1997 (12)：4 - 13.

[16] 陈彦斌. 中国新凯恩斯菲利普斯曲线研究 [J]. 经济研究，2008 (12)：50 - 64.

[17] 陈雨露，边卫红. 开放经济中的货币政策操作目标理论——纳入汇率因素的货币状况指数（MCI）[J]. 国际金融研究，2003 (10)：18 - 25.

[18] 戴国强，张建华. 中国金融状况指数对货币政策传导作用研究 [J]. 财经研究，2009 (7)：52 - 62.

[19] 戴金平，金永军，刘斌. 资本监管、银行信贷与货币政策非对称效应 [J]. 经济学（季刊），2008 (2)：481 - 508.

[20] 刁节文，章虎. 基于金融形势指数对我国货币政策效果非线性的实证研究 [J]. 金融研究，2012 (4)：32 - 44.

[21] 董直庆，王林辉. 财政货币政策和我国股市关联性：基于脉冲响应函数和方差分解的对比检验 [J]. 税务与经济，2008 (5)：17 - 22.

[22] 段忠东. 房地产价格与通货膨胀、产出的关系——理论分析与基于中国数据的实证检验 [J]. 数量经济技术经济研究，2007 (12)：127 - 139.

[23] 樊纲. 通货紧缩、有效降价与经济波动——当前中国宏观经济若干特点的分析 [J]. 经济研究，2003 (7)：3 - 9，43 - 89.

[24] 范从来. 菲利普斯曲线与我国现阶段的货币政策目标 [J]. 管理世界，2000 (6)：122 - 129.

[25] 方舟，倪玉娟，庄金良. 货币政策冲击对股票市场流动性的影响——基于 Markov 区制转换 VAR 模型的实证研究 [J]. 金融研究，2011 (7)：43 - 56.

[26] 冯春平. 货币供给对产出与价格影响的变动性 [J]. 金融研究，2002 (7)：18 - 25.

［27］耿强，张永杰，朱牡丹．中国的通胀、通胀预期与人民币有效汇率——开放新凯恩斯混合菲利普斯曲线框架下的实证分析［J］．世界经济文汇，2009（4）：23－35．

［28］巩师恩，范从来．二元劳动力结构与通货膨胀动态形成机制——基于新凯恩斯菲利普斯曲线框架［J］．财经研究，2013（3）：75－86．

［29］郭凯，艾洪德，郑重．通胀惯性、混合菲利普斯曲线与中国通胀动态特征［J］．国际金融研究，2013（2）：74－84．

［30］何启志，范从来．中国通货膨胀的动态特征研究［J］．经济研究，2011（7）：91－101．

［31］贺聪，项燕彪，陈一稀．我国均衡利率的估算［J］．经济研究，2013（8）：107－119．

［32］贺晓波，许晓帆．货币政策对资产价格冲击效果透视［J］．财经科学，2009（10）：27－34．

［33］胡志鹏．中国货币政策的价格型调控条件是否成熟——基于动态随机一般均衡模型的理论与实证分析［J］．经济研究，2012（6）：60－72．

［34］华民．拯救全球危机需超越凯恩斯主义［J］．人民论坛，2012（1）：70－71．

［35］黄益平，王勋，华秀萍．中国通货膨胀的决定因素［J］．金融研究，2010（6）：46－59．

［36］冀志斌，周先平．中央银行沟通可以作为货币政策工具吗——基于中国数据的分析［J］．国际金融研究，2011（2）：25－34．

［37］江曙霞，江日初，吉鹏．麦克勒姆规则及其中国货币政策检验［J］．金融研究，2008（5）：35－47．

［38］李成，马文涛，王彬．学习效应、通胀目标变动与通胀预期形成［J］．经济研究，2011（10）：39－53．

［39］李成，王彬，马文涛．资产价格、汇率波动与最优利率规则［J］．经济研究，2010（3）：91－103．

［40］李春吉，孟晓宏．中国经济波动——基于新凯恩斯主义垄断竞争模型的分析［J］．经济研究，2006（10）：72－82．

[41] 李春吉，范从来，孟晓宏．中国货币经济波动分析：基于垄断竞争动态一般均衡模型的估计 [J]．世界经济，2010（7）：96－120．

[42] 李相栋．中央银行沟通及其在美联储应对 2007—2009 金融危机过程中的应用 [J]．世界经济研究，2011（3）：40－45，88．

[43] 李云峰，李仲飞．中央银行沟通策略与效果的国际比较研究 [J]．国际金融研究，2010（8）：13－20．

[44] 李云峰．西方中央银行沟通视角下的预期管理研究：渠道、手段及效果 [J]．金融教育研究，2011（4）：3－10．

[45] 李云峰．中央银行沟通、实际干预与通货膨胀稳定 [J]．国际金融研究，2012（4）：15－23．

[46] 林毅夫．解读中国经济 [M]．北京：北京大学出版社，2009

[47] 刘斌．最优货币政策规则的选择及在我国的应用 [J]．经济研究，2003（9）：3－13，92．

[48] 刘金全，张小宇．时变参数"泰勒规则"在我国货币政策操作中的实证研究 [J]．管理世界，2012（7）：20－28．

[49] 刘金全，郑挺国．我国货币政策冲击对实际产出周期波动的非对称影响分析 [J]．数量经济技术经济研究，2006（10）：3－14．

[50] 刘喜和，李良建，高明宽．不确定条件下我国货币政策工具规则稳健性比较研究 [J]．国际金融研究，2014（7）：7－17．

[51] 陆军，钟丹．泰勒规则在中国的协整检验 [J]．经济研究，2003（8）：76－85，93．

[52] 吕越，盛斌．开放条件下产出缺口型菲利普斯曲线的再验证——基于中国省际季度动态面板数据 [J]．金融研究，2011（10）：47－60．

[53] 马文涛．货币政策的数量型工具与价格型工具的调控绩效比较——来自动态随机一般均衡模型的证据 [J]．数量经济技术经济研究，2011（10）：92－110，133．

[54] 马亚明，刘翠．房地产价格波动与我国货币政策工具规则的选择——基于 DSGE 模型的模拟分析 [J]．国际金融研究，2014（8）：24－34．

[55] 彭兴韵．中国物价总指数变动中的相对价格调整及其宏观调控含义

[J]．财贸经济，2009（6）：102－108，136．

[56] 彭芸．浅议中央银行沟通策略的选择[J]．湖北经济学院学报，2007（4）：49－53．

[57] 盛天翔，范从来．信贷调控：数量型工具还是价格型工具[J]．国际金融研究，2012（5）：26－33．

[58] 石柱鲜，孙皓，邓创．Taylor 规则在我国货币政策中的实证检验[J]．当代财经，2009（12）：43－48．

[59] 石柱鲜，邓创．基于自然利率的货币政策效应非对称性研究[J]．中国软科学，2005（9）：58－65．

[60] 万解秋，徐涛．货币供给的内生性与货币政策的效率——兼评我国当前货币政策的有效性[J]．经济研究，2001（3）：40－45，50－94．

[61] 王国刚．中国货币政策调控工具的操作机理：2001—2010[J]．中国社会科学，2012（4）：62－82，206．

[62] 王建国．泰勒规则与我国货币政策反应函数的实证研究[J]．数量经济技术经济研究，2006（1）：43－49．

[63] 王君斌，郭新强，王宇．中国货币政策的工具选取、宏观效应与规则设计[J]．金融研究，2013（8）：1－15．

[64] 王君斌，郭新强．产业投资结构，流动性效应和中国货币政策[J]．经济研究，2011（S2）：28－40．

[65] 王立勇，张代强，刘文革．开放经济下我国非线性货币政策的非对称效应研究[J]．经济研究，2010（9）：4－16．

[66] 王文甫．价格粘性、流动性约束与中国财政政策的宏观效应——动态新凯恩斯主义视角[J]．管理世界，2010（9）：11－25，187．

[67] 王晓芳，毛彦军．小型开放经济环境下的最优货币政策设计[J]．财贸研究，2011（3）：95－102，110．

[68] 吴婷婷．利率冲击非对称效应的实证检验：来自中国的经验证据[J]．统计与决策，2009（19）：116－118．

[69] 夏杰长．以扩大消费需求为着力点调整我国总需求结构[J]．经济学动态，2012（2）：67－70．

［70］项卫星，李宏瑾．我国中央银行数量型货币调控面临的挑战与转型方向［J］．国际金融研究，2012（7）：20－28．

［71］肖曼君，周平．央行信息披露对通货膨胀预期及其偏差的影响——基于人民银行的信息披露指数分析［J］．财经理论与实践，2009（5）：5－11．

［72］肖争艳，陈彦斌．中国通货膨胀预期研究：调查数据方法［J］．金融研究，2004（11）：1－18．

［73］谢平，罗雄．泰勒规则及其在中国货币政策中的检验［J］．经济研究，2002（3）：3－12，92．

［74］徐亚平．公众学习、预期引导与货币政策的有效性［J］．金融研究，2009（1）：50－65．

［75］徐亚平．货币政策有效性与货币政策透明制度的兴起［J］．经济研究，2006（8）：24－34．

［76］徐亚平．通货膨胀预期形成的模型刻画及其与货币政策的关联性［J］．金融研究，2010（9）：19－33．

［77］鄢莉莉．金融中介效率对货币政策效果的影响——基于动态随机一般均衡模型的研究［J］．国际金融研究，2012（6）：4－11．

［78］闫力，刘克宫，张次兰．通胀预期形成方式及中央银行的应对策略［J］．中国金融，2010（3）：75－76．

［79］杨春学，谢志刚．国际金融危机与凯恩斯主义［J］．经济研究，2009（11）：22－30．

［80］杨继生．通胀预期、流动性过剩与中国通货膨胀的动态性质［J］．经济研究，2009（1）：106－117．

［81］杨小军．中国新凯恩斯主义菲利普斯曲线的经验研究［J］．统计研究，2011（2）：13－18．

［82］姚余栋，谭海鸣．加强通胀预期管理［J］．中国金融，2011（20）：53－56．

［83］岳超云，牛霖琳．中国货币政策规则的估计与比较［J］．数量经济技术经济研究，2014（3）：119－133．

［84］张蓓．我国居民通货膨胀预期的性质及对通货膨胀的影响［J］．金融

研究，2009（9）：40 - 54.

[85] 张成思. 全球化与中国通货膨胀动态机制模型 [J]. 经济研究，2012（6）：33 - 45.

[86] 张成思. 新凯恩斯菲利浦斯曲线研究述评 [J]. 金融评论，2010（5）：75 - 81，124 - 125.

[87] 张东辉，王丹阳. 中国货币政策双重非对称效应特点的实证研究 [J]. 东岳论丛，2010（10）：97 - 106.

[88] 张杰平. 开放经济 DSGE 模型下我国货币政策规则的选择 [J]. 山西财经大学学报，2012（4）：18 - 28.

[89] 张金城. 货币政策调控、流动性管理与宏观经济稳定 [J]. 国际金融研究，2014（3）：7 - 20.

[90] 张晓慧. 国际收支顺差下货币政策工具的选择 [J]. 中国金融，2011（9）：29 - 31.

[91] 张屹山，张代强. 包含货币因素的利率规则及其在我国的实证检验 [J]. 经济研究，2008（12）：65 - 74.

[92] 张屹山，张代强. 前瞻性货币政策反应函数在我国货币政策中的检验 [J]. 经济研究，2007（3）：20 - 32.

[93] 赵进文，闵捷. 央行货币政策操作效果非对称性实证研究 [J]. 经济研究，2005（2）：26 - 34，53.

[94] 郑挺国，刘金全. 区制转移形式的"泰勒规则"及其在中国货币政策中的应用 [J]. 经济研究，2010（3）：40 - 52.

[95] 郑挺国，王霞. 泰勒规则的实时分析及其在我国货币政策中的适用性 [J]. 金融研究，2011（8）：31 - 46.

[96] 郑挺国，刘金全. 我国货币—产出非对称影响关系的实证研究 [J]. 经济研究，2008（1）：33 - 45.

[97] 中国人民银行营业管理部课题组. 非线性泰勒规则在我国货币政策操作中的实证研究 [J]. 金融研究，2009（12）：30 - 44.

[98] 周晖. 货币政策、股票资产价格与经济增长 [J]. 金融研究，2010（2）：91 - 101.

[99] 周小川. 新世纪以来中国货币政策的主要特点 [J]. 中国金融，2013 (2)：9-14.

[100] Alesina A. Defining a Macroeconomic Framework for the Euro Area [R]. CEPR Working Paper, 2001.

[101] Andrews D W, Ploberger W. Optimal Tests When a Nuisance Parameter is Present Only under the Alternative [J]. Econometrica, 1994, 62 (6)：1383 - 1414.

[102] Aragón E K, Portugal M S. Asymmetric Effects of Monetary Policy in Brazil [J]. Economic Studies, 2009, 165 (4)：277-300.

[103] Assenmacher - Wesche K. Estimating Central Banks' Preferences from a Time - Varying Empirical Reaction Function [J]. European Economic Review, 2006, 50 (8)：1951-1974.

[104] Bacon D W, Watts D G. Estimating the Transition Between Two Intersecting Straight Lines [J]. Biometrika, 1971, 58 (3)：525-534.

[105] Ball L, Mankiw N G. Asymmetric Price Adjustment and Economic Fluctuations [J]. Economic Journal, 1992, 104 (423)：247-61.

[106] Barro R J, Gordon D B. Rules, Discretion and Reputation in a Model of Monetary Policy [J]. Journal of Monetary Economics, 1983, 12 (1)：101-121.

[107] Bernanke B S, Gertler M. Monetary Policy and Asset Price Volatility [J]. Economic Review, 1999, 84：77-128.

[108] Bernanke B S, Gertler M. Should Central Banks Respond to Movements in Asset Prices [J]. The American Economic Review, 2015, 91 (2)：253-257.

[109] Bernanke B S. Essays on the Great Depression [M]. Princeton University Press, 2000.

[110] Blanchard O J, Fischer S. Lectures on Macroeconomics [M]. The MIT Press, 1989.

[111] Borio C, Lowe P. Asset Prices, Financial and Monetary Stability：Exploring the Nexus [R]. BIS Working Paper, 2002.

[112] Bullard J B, Schaling E. Why the Fed Should Ignore the Stock Market

［J］. Review – Federal Reserve Bank of St. Louis, 2002, 84（5）: 35 –42.

［113］ Bunzel H, Enders W. The Taylor Rule and "Opportunistic" Monetary Policy ［J］. Journal of Money, Credit & Banking, 2005, 42（5）: 931 –949.

［114］ Calvo G A. Staggered Prices in a Utility – Maximizing Framework ［J］. Journal of Monetary Economics, 1983, 12（3）: 383 –398.

［115］ Carceles – Poveda E, Giannitsarou C. Adaptive Learning in Practice ［J］. Journal of Economics Dynamics and Control, 2007, 31（8）: 2659 –2697.

［116］ Castelnuovo E, Greco L, Raggi D. Estimating Regime – Switching Taylor Rules with Trend Inflation ［R］. Bank of Finland Research Discussion Paper, 2008.

［117］ Castelnuovo E. Taylor Rules and Interest Rates Smoothing in the Euro Area ［J］. Manchester School, 2007, 75（75）: 1 –16.

［118］ Castroa V. Are Central Banks Following a Linear or Nonlinear（Augmented）Taylor Rule ［R］. Working Paper, 2008.

［119］ Cecchetti S G. Asset Prices and Central Bank Policy ［M］. International Center for Monetary and Banking Studies, 2000.

［120］ Chadha J S, Valente G. Monetary Policy Rules, Asset Prices, and Exchange Rates ［J］. IMF Staff Papers, 2004, 51（3）: 529 –552.

［121］ Choi W G. Asymmetric Monetary Effects on Interest Rates across Monetary Policy Stances ［J］. Journal of Money, Credit & Banking, 1999, 31（3）: 386 –416.

［122］ Clarida R, Galí J, Gertler M. Monetary Policy Rules in Practice: Some International Evidence ［J］. European Economic Review, 1998, 42（6）: 1033 –1067.

［123］ Clarida R, Gertler M. Monetary Policy Rules and Macroeconomic Stability: Evidence and Some Theory ［J］. Quaterly Journal of Economics, 2000, 115（1）: 147 –180.

［124］ Cover J P. Asymmetric Effects of Positive and Negative Money – Supply Shocks ［J］. Quarterly Journal of Economics, 1992, 107（4）: 1261 –1282.

［125］ Dell'Ariccia G, Garibaldi P. Gross Credit Flows ［J］. Review of Economic

Studies, 2005, 72 (3): 665 – 685.

[126] Dijk D, Teräsvirta T, Franses P H. Smooth Transition Autoregressive Models – A Survey of Recent Developments [J]. Econometric Reviews, 2000, 21 (1): 1 – 47.

[127] English W B, Nelson W R, Sack B P. Interpreting the Significance of the Lagged Interest Rate in Estimated Monetary Policy Rules [J]. Contributions in Macroeconomics, 2003, 3 (1): 1073 – 1073.

[128] Evans G W, Honkapohja S. Adaptive Learning and Monetary Policy Design [J]. Journal of Money, Credit & Banking, 2003, 35 (6): 1045 – 1072.

[129] Evans G W, Honkapohja S. Expectations and the Stability Problem for Optimal Monetary Policies [J]. Review of Economic Studies, 2003, 70 (4): 807 – 824.

[130] Evans G W, Honkapohja S. Friedman's Money Supply Rule versus Optimal Interest Rate Policy [J]. Scottish Journal of Political Economy, 2003, 50 (5): 550 – 566.

[131] Evans G W, Honkapohja S. Learning and Expectations in Macroeconomics [M]. Princeton University Press, 2001.

[132] Evans G W, Honkapohja S. Monetary Policy, Expectations and Commitment [J]. The Scandinavian Journal of Economics, 2006, 108 (1): 15 – 38.

[133] Faust J, Rogers J H, Wright J H. An Empirical Comparison of Bundesbank and ECB Monetary Policy, Rules [R]. FRB Discussion Paper, 2001.

[134] Florio A. The Asymmetric Effects of Monetary Policy in a Matching Model with a Balance Sheet Channel [J]. Journal of Macroeconomics, 2006, 28 (2): 375 – 391.

[135] Friedman M. The Role of Monetary Policy [J]. The American Economic Review, 1968, 58 (1): 1 – 17.

[136] Gali J, Gertler M. Inflation Dynamics: A Structural Econometric Analysis [J]. Journal of Monetary Economics, 1999 , 44 (2): 195 – 222.

[137] Gali J. Monetary Policy in the Early Years of EMU [A]. In Marco B. &

André S. （Eds.）, Economic and Monetary Union and Economic Policy in Europe. Edward Elgar Publishing, 2002.

［138］Garcia M, Schaller H. Are the Effects of Monetary Policy Asymmetric? ［J］. Economic Inquiry, 2002, 40 （1）: 102 –119.

［139］Garibaldi P. The Asymmetric Effects of Monetary Policy on Job Creation and Destruction ［J］. IMF Staff Papers, 1997, 44 （4）: 557 –584.

［140］Gaspar V, Smets F, Vestin D. Inflation Expectations, Adaptive Learning and Optimal Monetary Policy ［A］. In Friedman M. & Woodford M. （Eds.）, Handbook of Monetary Economics. Elsevier, 2011: 1055 –1095.

［141］Giannitsarou C. E – Stability Does not Imply Learnability ［J］. Macroeconomic Dynamics, 2005, 9 （2）: 276 –287.

［142］Goodhart C, Hofmann B. Asset Prices and the Conduct of Monetary Policy ［C］. Royal Economic Society Conference, 2002.

［143］Granger C W, Terasvirta T. Modelling Nonlinear Economic Relationships ［M］. Oxford University Press, 1993.

［144］Hamilton J D. A New Approach to the Economic Analysis of Nonstationary Time Series and the Business Cycle ［J］. Econometrica, 1989, 57 （2）: 357 –84.

［145］Hamilton J D. Uncovering Financial Market Expectations of Inflation ［J］. Journal of Political Economy, 1985, 93 （6）, 1224 –1241.

［146］Jeremy Rudd, Karl Whelan. Modeling Inflation Dynamics: A Critical Review of Recent Research ［J］. Journal of Money, Credit & Banking, 2007, 39 （S1）, 155 –170.

［147］Judd J P, Rudebusch G D. Taylor's Rule and the Fed, 1970 –1997 ［J］. Economic Review, 1998, 26 （29）: 3 –16.

［148］Kim C J. Dynamic Linear Models with Markov – Switching ［J］. Journal of Econometrics, 1994, 60 （1 –2）: 1 –22.

［149］Koop G, Pesaran M H, Potter S M. Impulse Response Analysis in Nonlinear Multivariate Models ［J］. Journal of Econometrics, 1996, 74 （1）: 119 –147.

[150] Liu L, Zhang W. A Model Based Approach to Monetary Policy Analysis for China [R]. Hong Kong Monetary Authority Working Paper, 2007.

[151] Martin C, Milas C. Modelling Monetary Policy: Inflation Targeting in Practice [J]. Economica, 2004, 71 (281): 209 – 221.

[152] McCallum B T, Nelson E. Norminal Income Targeting in An Open – Economy Optimizing Model [J]. Journal of Monetary Economics, 1999 (43), 553 – 578.

[153] Mccallum B T, Nelson E. Timeless Perspectives vs. Discretionary Monetary Policy in Forward – Looking Models [R]. NBER Working Paper.

[154] Mccallum B T. Issues in the Design of Monetary Policy Rules [R]. NBER Working Paper, 1997.

[155] Montagnoli A, Napolitano O. Financial Condition Index and Interest Rate Settings: A Comparative Analysis [R]. Working Paper, 2005.

[156] Morgan D P. Asymmetric Effects of Monetary Policy [J]. Economic Review, 1993, 78 (2): 21 – 33.

[157] Neiss K S, Nelson E. Inflation Dynamics, Marginal Cost, and the Output Gap: Evidence from Three Countries [J]. Journal of Money, Credit & Banking, 2002, 37 (6): 1019 – 1045.

[158] Orphanides A, Williams J C. Imperfect Knowledge, Inflation Expectations, and Monetary Policy [R]. NBER Working Paper, 2003.

[159] Orphanides A. Monetary Policy Rules, Macroeconomic Stability, and Inflation: A View from the Trenches [J]. Journal of Money, Credit & Banking, 2001, 36 (2): 151 – 175.

[160] Owyang M, Ramey G. Regime Switching and Monetary Policy Measurement [J]. Journal of Monetary Economics, 2004, 51, 1577 – 1597.

[161] Paloviita M. Inflation Dynamics in the Euro Area and the Role of Expectations [J]. Empirical Economics, 2004, 31 (4): 847 – 860.

[162] Peersman G, Smets F. Uncertainty and the Taylor Rule in A Simple Model of the Euro – Area Economy [C]. Proceedings of the Federal Reserve Bank of San

Francisco, 1999.

[163] Petersen K. Does the Federal Reserve Follow a Non – Linear Taylor Rule [R]. Working Paper, 2007.

[164] Phelps E S. Phillips Curves, Expectations of Inflation and Optimal Unemployment over Time [J]. Economica, 2010, 34 (34): 254 – 281.

[165] Ravn M O, Sola M. A Reconsideration of the Empirical Evidence on the Asymmetric Effects of Money – Supply Shocks: Positive vs. Negative or Big vs. Small [R]. SSRN Working Paper, 1996.

[166] Rotemberg J, Woodford M. An Optimization – Based Econometric Framework for the Evaluation of Monetary Policy: Expanded Version [J]. NBER Macroeconomics Annual, 1998, 12 (233): 297 – 346.

[167] Rudebusch G D. Term Structure Evidence On Interest Rate Smoothing and Monetary Policy Inertia [J]. Journal of Monetary Economics, 2002, 49 (6): 1161 – 1187.

[168] Scheibe J, Vines D. A Phillips Curve for China [R]. CERP Discussion Paper, 2005.

[169] Sheedy K D. Structural Inflation Persistence [R]. Working Paper, 2012.

[170] Smant D J C. Has the European Central Bank Followed a Bundesbank Policy? Evidence from the Early Years [J]. Credit and Capital Markets, 2002, 35 (3), 327 – 343.

[171] Surico P. The Monetary Policy of the European Central Bank [J]. Scandinavian Journal of Economics, 2007, 109 (1): 115 – 135.

[172] Svensson L, Woodford M. Implementing Optimal Policy Through Inflation – Forecast Targeting [A]. In Bernanke B S. & Woodford M. (Eds.) The Inflation – Targeting Debate. University of Chicago Press, 2004: 19 – 92.

[173] Svensson L. Inflation Targeting as a Monetary Policy Rule [J]. Journal of Monetary Economics, 1999, 43 (3): 607 – 654.

[174] Svensson L. Price Level Targeting vs. Inflation Targeting [R]. NBER Working Paper, 1999.

[175] Tan S H, Habibullah M S, Mohamed A. Asymmetric Effects of Monetary Policy in ASEAN – 4 Economies [J]. International Research Journal of Finance & Economics, 2010, 44 (3): 1 – 38.

[176] Taylor J B. Discretion versus Policy Rules in Practice [J]. Carnegie – Rochester Conference Series on Public Policy, 1993, 39 (2): 195 – 214.

[177] Taylor J B. Using Monetary Policy in Emerging Market Economies [R]. Working Paper, 2000.

[178] Terasvirta T, Anderson H M. Characterizing Nonlinearities in Business Cycles Using Smooth Transition Autoregressive Models [J]. Journal of Applied Econometrics, 1992, 7 (S1): 36 – 119.

[179] Tsiddon D. The (Mis) Behaviour of the Aggregate Price Level [J]. Review of Economic Studies, 1993, 60 (4): 889 – 902.

[180] Walsh C E. Monetary Theory and Practice [M]. 3rd Edition, MIT Press, 2010.

[181] Weise C L. The Asymmetric Effects of Monetary Policy: A Nonlinear Vector Auto – Regression Approach [J]. Journal of Money, Credit & Banking, 1999, 31 (1): 85 – 108.

[182] Welz P, Österholm P. Interest Rate Smoothing versus Serially Correlated Errors in Taylor Rules: Testing the Tests [R]. Working Paper, 2005.

[183] Woodford M. Optimal Monetary Policy Inertia [J]. Review of Economics Studies, 2003, 70: 861 – 886.

[184] Zhang W. China's Monetary Policy: Quantity versus Price Rules [J]. Journal of Macroeconomics, 2009, 31 (3): 473 – 484.

[185] Zivot E, Wang J. Modeling Financial Time Series with S – Plus [M]. Springer, 2007.